Mein Zuhause in den Alpen

Frau Aubrey Le Blond

Writat

Diese Ausgabe erschien im Jahr 2024

ISBN: 9789359944401

Herausgegeben von
Writat
E-Mail: info@writat.com

Inhalt

VORWORT.

In diesem kleinen Band habe ich einige Dinge niedergeschrieben, die für den normalen Reisenden in der Schweiz von Interesse sind, und zwar viele der Dinge, die zuerst in der *St. Moritz Post* oder, wie sie jetzt heißt, der *Alpine Post erschienen* sind. Für Bergsteiger werden meine Notizen nur eine dreimal erzählte Geschichte sein, und zwar eine, die viele von ihnen zweifellos viel besser erzählen könnten, während nicht wenige sie bereits anderswo erzählt haben. Die Idee, diese unbedeutenden Papiere zu veröffentlichen, kam mir, weil ich viele Fragen zu den von mir angesprochenen Themen beantworten musste ; denn da ich in der Schweiz lebe, gehe ich natürlich davon aus, dass ich mit den Besonderheiten des Landes und der Menschen besser vertraut bin als der normale Tourist. Es scheint mir daher, dass ein kleines Buch, das einige der verschiedenen interessanten Objekte behandelt, die man normalerweise während einer Sommertour in der Schweiz antrifft, eine Ecke im Reisekoffer eines Reisenden finden könnte , und so bitte ich um Nachsicht für die Fehler, die mir sicherlich von Zeit zu Zeit unterlaufen sind, und empfehle die folgenden Seiten jedem, der mir die Ehre erweist , einen Blick darauf zu werfen.

E. HAUPT.

ENGADINER KULM,
SCHWEIZ.

KAPITEL I.
ÜBER BERGFÜHRER.

Außerhalb des vergleichsweise kleinen Kreises der Bergsteiger scheinen nur sehr wenige Reisende in der Schweiz eine klare Vorstellung davon zu haben, zu welcher Klasse von Menschen ein guter Bergführer gehört. Viele Leute stellen sich einen typischen Bergführer als eine Person vor, deren Kleidung in einem ebenso erschreckenden Zustand ist wie die Gipfel der meisten seiner Heimatberge; der sichtbare und unsichtbare Anzeichen dafür aufweist, dass er die Verwendung von Seife in Kombination mit Wasser völlig unwissend ist; der Truefitt zweimal im Jahr in seiner Frau verkörpert, es sei denn, sein jüngstes Kind darf als Belohnung die Schere schwingen; dessen Benehmen rüpelhaft ist, dessen Gang eine zu starke Mischung aus Rollen und Hinken ist, um auch nur als lässig bezeichnet zu werden, und dessen Hauptziel im Leben darin besteht, seinem Arbeitgeber für möglichst wenig Arbeit so viele Francs wie möglich aus der Tasche zu ziehen. Darüber hinaus haben diese Leute merkwürdige Vorstellungen von „den gesamten Pflichten" eines Bergführers. Sie glauben, dass er verpflichtet ist, allen Anweisungen seines Arbeitgebers, wie unvernünftig sie auch sein mögen, ohne Protest Folge zu leisten. Sie erwarten von ihm weder gesunden Menschenverstand noch Bildung oder Weltkenntnis und behandeln ihn daher, als wäre er eine plump konstruierte Maschine, die nur in den Rillen einer vielbefahrenen Strecke laufen kann und sonst nichts.

Nun ist es schade, dass zu diesem Thema eine solche Unwissenheit vorherrscht, und ich möchte meinen bescheidenen Beitrag dazu leisten, diese Unwissenheit etwas zu zerstreuen, indem ich die Hauptmerkmale eines erstklassigen Bergführers aufzeige und meine Meinung durch Anekdoten über das Verhalten einiger Meister der Bergkunst untermauere, wenn diese mit außergewöhnlich hohen Anforderungen an ihre Fähigkeiten konfrontiert werden.

Bevor ich weitermache, möchte ich etwas über die frühe Ausbildung eines Führers sagen. Normalerweise macht er schon in jungen Jahren Bekanntschaft mit dem Klettern, wobei er seine ersten Klettertouren oft in Begleitung der Ziegen unternimmt. Mit der Zeit gewinnt er an Selbstvertrauen, wird sicher auf Kopf und Füßen und lernt, wo seine Kräfte liegen. Im Laufe der Jahre wird er vielleicht von seinem Vater zum Gämsenschießen mitgenommen, und im Sommer erhält er gelegentlich eine Anstellung als Träger bei mehr oder weniger schwierigen Aufstiegen. Wenn er sich definitiv entschlossen hat, Führer zu werden, wird er sein Bestes tun, um eine solche Arbeit zu bekommen, und es kommt oft vor, dass ein aktiver junger Träger, der über Nacht Decken und Brennholz zu einem Biwak getragen hat, darum bittet, am Morgen an der Expedition teilnehmen zu dürfen, „nur um den Weg zu lernen". In Wirklichkeit ist sein Hauptziel, ein paar Zeilen Lob in seinem Buch zu bekommen, die ihm bei zukünftigen Einsätzen helfen und ihm auch sehr zugute kommen, wenn er seinen Anspruch auf ein Zertifikat als Führer geltend macht. Als wir vor einigen Jahren die Jungfrau bestiegen, begleitete uns unser Träger auf seine dringende Bitte hin bis zum Gipfel, und es war interessant zu beobachten, wie sorgfältig meine beiden erfahrenen Führer, der alte Peter Baumann und der alte Peter Kaufmann, ihn unterrichteten. Es war der erste Berg für den jungen Mann, und ich konnte sehen, dass er alle seine Kräfte anstrengte, um nicht auszurutschen und meine gute Meinung zu gewinnen, was ihm auch gewiss gelang, denn er kam sehr gut voran, obwohl er, nicht unnatürlich, vor den riesigen Gletscherspalten unterhalb des Berglis Angst hatte , da der Gletscher gerade in einem besonders schlechten Zustand war. Ganz anders verhielt sich ein anderer Träger, der beauftragt wurde, bei jedem leichten Schneeaufstieg meine Kamera zu tragen. Auch er hatte noch nie zuvor einen Berg betreten, und seine Mätzchen begannen an der Spitze des Fornogletschers , den er auf allen Vieren bestieg. Weiter vorne machte er sich über die Gletscherspalten lustig, und als wir den *Grat erreichten* , war er ein so gewaltiger Anhang am Seil, dass wir uns losbanden und in zwei Gruppen an zwei Seilen die letzten Felsen hinaufkletterten. Eine andere Dame, ein Junge aus Eton und ich führten, und der Träger und die beiden Führer folgten!

Ein Träger wird, wenn er gute Kletterfähigkeiten zeigt, oft in der Hochsaison, wenn Führer rar sind, mitgenommen, um einen Führer und einen Reisenden bei den weniger schwierigen Aufstiegen zu begleiten, damit drei am Seil sein können, was auf Schnee wichtig ist. Er wird wahrscheinlich den größten Teil des Tragens übernehmen, aus dem einfachen Grund, dass der Führer vorangeht und die Stufen schneidet und beim Abstieg als Letzter herunterkommt. In beiden Fällen ist es gut, wenn er nicht mit einem Rucksack belastet ist, sondern seine ganze Kraft beim Aufstieg und beim Abstieg in seine Arbeit steckt, um in seiner verantwortungsvollen Position als „letzter Mann" sicherer zu sein.

Gelegentlich wird der Junge zum Führer, ohne die Zwischenstation als Träger zu durchlaufen. Hier ist ein Bericht über die Erlebnisse von Joseph Imboden . Die Einzelheiten erfuhr ich vom Führer selbst, aber der Bericht findet sich auch in der biographischen Notiz von GS Barnes in „The Pioneers of the Alps" [1] . „Als ich ein Junge war", begann Imboden , „wollte mein Vater, dass ich Schuhmacher werde, und mit fünfzehn gab er mich bei einem Mann im Rhonetal in die Lehre . Aber ich hasste das Leben, und sobald ich zwanzig Francs gespart hatte, lief ich nach Riffel fort , wo ich blieb, und verbrachte meine Zeit damit, Leute zu bitten, sie von mir auf Berge mitzunehmen. Sie sagten jedoch immer zu mir: „Junger Mann, wo ist Ihr

Buch ?" Ich antwortete, mein Buch sei zu Hause, aber sie glaubten mir nicht. Als meine zwanzig Francs schließlich fast aufgebraucht waren, gelang es mir, einen jungen englischen Gentleman zu überreden, sich von mir auf die Cima di Jazzi mitnehmen zu lassen . Er war zufrieden mit der Art, wie ich ihn führte, und am nächsten Tag bestiegen wir allein den Monte Rosa. Dann bot er mir an, mich über den Col St. Théodule und den Col du Géant nach Chamonix zu bringen , und ich ging sehr gern mit; aber zuerst erzählte ich ihm die ganze Wahrheit. Ich sagte: „Alles, was ich Ihnen bisher erzählt habe, waren Lügen; ich war noch nie auf einem Berg, bis ich mit Ihnen ging; aber wenn Sie mir jetzt vertrauen, bin ich sicher, dass ich Sie zufriedenstellen kann." Er sagte, er würde es tun, und wir fuhren nach Chamonix und machten dort einige Klettertouren. Ich kaufte ein Buch, und er schrieb einen guten Bericht über mich darin. Seitdem hat es mir nie an Arbeit gefehlt . " Dies ist Joseph Imbodens frühe Geschichte, und seine Freunde werden zugeben, dass sie durchaus charakteristisch für den inzwischen berühmten Führer ist.

Ein Träger, der Führer werden möchte, muss im Allgemeinen eine Prüfung in einer Reihe von Fächern bestehen, die für seinen zukünftigen Beruf nicht die geringste Bedeutung haben. Der Anlass wird durch die Anwesenheit des *Führer-Chefs* (oder des Leiters der Führergesellschaft) und anderer lokaler Magnaten gewürdigt, vor denen die *Führer-Aspiranten* , wie sie genannt werden, auf Herz und Nieren geprüft werden. Nach Fragen in Arithmetik, Geographie, Geschichte usw. ging es in der Prüfung, bei der ich „assistenz" leistete, um Bergsteigen, zu einem Thema, bei dem die Träger noch eigentümlichere Vorstellungen hatten als zu anderen Themen. Ein junger Mann behauptete in bestem Glauben, wenn sein *Herr* ihm nicht gehorche, sollte er es als seine Pflicht ansehen, ihn zu schlagen, während ein anderer ruhig sagte, wenn er beim Aufstieg auf ein Hindernis stoße, sei der richtige Weg, nach Hause zurückzukehren! Am Ende der Prüfung, die alle auf die eine oder andere Weise zu absolvieren versuchten, hielt der *Führer-Chef eine kleine Rede, in der er die neuen Führer ermahnte, ihrem Beruf* Ehre zu erweisen . Ich machte mir damals Notizen zu den amüsanteren Fragen und Antworten und habe diese in einem früheren Werk veröffentlicht. [2]

Nachdem wir uns nun mit den technischen Bedingungen befasst haben, die zusammen einen qualifizierten Fremdenführer ausmachen, wollen wir nun sehen, welche Eigenschaften erforderlich sind, um ihn in die Spitzengruppe seines Berufsstands zu bringen.

FUßNOTEN:

[1] „The Pioneers of the Alps" von CD Cunningham und Captain Abney, FRS, veröffentlicht von den Herren Sampson Low, Marston, Searle und Rivington .

[2] „High Life and Towers of Silence" von Mrs. Main, veröffentlicht von Sampson Low, Marston, Searle & Rivington .

KAPITEL II.
VORSICHT UND ENTSCHLOSSENHEIT DER FÜHRER.

Unter den Eigenschaften, die ein erstklassiger Führer haben muss, neige ich dazu, Vorsicht als die wichtigste zu bezeichnen. Viele andere Eigenschaften sind ebenfalls erforderlich, wie z. B. ein starker Wille, der es dem Führer ermöglicht, die ihm anvertrauten Personen zum Gehorsam zu zwingen; Elan und Mut, mit denen er Hindernisse überwindet; Geschick beim Klettern sowie bei der Beurteilung der Schneebeschaffenheit; Fähigkeit, den Weg auf oder ab eines Berges zu finden, unabhängig davon, ob er ihn schon einmal bestiegen hat oder nicht; Gelassenheit in Momenten der Gefahr, schnelles Handeln in einem plötzlichen Notfall, Einfallsreichtum bei Schwierigkeiten jeglicher Art, Muskelkraft, gute Gesundheit, gute Laune, Selbstlosigkeit, Ehrlichkeit und große Erfahrung. Was für eine Liste! Und doch kenne ich keinen Führer erster Güte, der nicht etwas von allen und eine große Menge von mehreren der vielen Eigenschaften besitzt, die ich oben aufgezählt habe, ganz zu schweigen von anderen, die ich zweifellos übersehen habe.

Ich möchte Ihnen zunächst einige Beispiele nennen, in denen Führer trotz starker Verlockung eine lobenswerte Vorsicht an den Tag legten, die Grenzen der Vorsicht zu überschreiten. Ein Beispiel, das ich aus „Die Pioniere der Alpen", dieser Fundgrube an Informationen über Führerwissen, entnehme, ist sehr charakteristisch für den großen Führer Melchior Anderegg . Herr Mathews schreibt: „Er weiß, wann es richtig ist, weiterzugehen, und wann es der größte Mut ist, umzukehren." Es geht , Melchior', sagte einmal ein guter Kletterer in meinem Beisein, als wir an eine gefährliche Stelle kamen. 'Ja', antwortete Melchior, ' *es* geht , aber *ich* gehe nicht ;' oder, mit anderen Worten: ‚Es geht, aber ich gehe nicht.'"

Edouard Cupelin aus Chamonix, ein Führer, mit dem ich in früheren Jahren viele Besteigungen gemacht habe, hat mir oft gezeigt, dass er seinen rechtmäßigen Anteil an dieser tapferen Vorsicht besitzt. Einmal im Winter, als wir uns nur noch eine Stunde vom Gipfel des Mont Blanc entfernt befanden, ließ er uns umkehren, da er die Gefahr, angesichts eines Schneesturms auszuharren, für ungerechtfertigt hielt, obwohl die Schwierigkeiten alle hinter uns lagen. Einmal hatte ich auch an einem windigen Morgen im Oktober Sehnsucht nach dem Schreckhorn , aber mein Führer erinnerte uns daran, welche Wirkung der Sturm auf die brüchigen Felsen unterhalb des Sattels haben könnte, und weigerte sich, irgendetwas mit dem Gipfel zu tun zu haben, der sich ab und zu auf verlockende Weise vor einem Stück blauen Himmels abzeichnete.

Die Vorsicht eines guten Bergführers muss jedoch nicht durch eine Anekdotensammlung bewiesen werden. Man sieht sie jedes Mal, wenn er beim Überqueren eines Schneefeldes nach einer verborgenen Gletscherspalte sucht. Man bemerkt sie, wenn er seine Begleiter anfleht (wahrscheinlich mindestens zum zehnten Mal an diesem Tag), das Seil straff zu halten. Man zeigt sie, wenn er sich weigert, einen eigensinnigen Amateur bei schlechtem Wetter auf einen schwierigen Berg mitzunehmen, oder wenn er den Freund des Amateurs, der in Tennisflanell gekleidet ist, im letzten Moment der Expedition beitreten lässt, weil er sagt: „ Ehrlich , ich muss das Matterhorn irgendwann einmal besteigen, das wisst ihr!"

Ein Führer ohne starken Willen kann nie hoffen, in seinem Beruf ganz oben zu stehen. Manche Führer sind jedoch natürlich entschlossener als andere.

Ich erinnere mich an eine amüsante Geschichte *zu dieser Eigenschaft, die mir ein Freund über Joseph* Imboden erzählte . Der Vorfall ereignete sich auf dem Breithorn , einem bequemen, wenn auch ermüdenden Schneegipfel in der Gegend von Zermatt. An einem kalten Tag hatte Imboden einen bleiernen, dickköpfigen Engländer im Schlepptau. Als dieser kluge Gentleman auf halber Höhe des Berges war, bemerkte er, dass er müde war und beabsichtigte, sich mit einem Nickerchen im Schnee zu erfrischen. Natürlich erhob Imboden Einwände gegen das Unterfangen, erklärte, es sei äußerst gefährlich und beschrieb in lebhaften Worten unglückselige Menschen, die erfroren waren. Der Reisende ließ jedoch nicht locker und rief schließlich, als Imboden ihm wiederholt seine Wünsche verweigerte, empört aus: „Ich bezahle Sie, und Sie sind mein Diener, und ich werde tun, was ich will!" Die Lage war kritisch geworden. Imboden sah, dass die Zeit für harte Maßnahmen gekommen war. Er sagte zu seinem *Herrn* : „Das ist ganz richtig. Nun tun Sie, was Sie wollen, und ich tue, was ich will. Legen Sie sich hin und schlafen Sie, und so sicher Sie das tun, verpasse ich Ihnen eine Ohrfeige, die Sie nicht so schnell vergessen werden!" „Was!", rief der erzürnte Tourist, „nein! Das würden Sie nicht wagen!" „Oh ja", sagte Imboden ruhig, „und eine richtig ordentliche Ohrfeige noch dazu!" Der *Herr* stapfte in wütender Wut nach oben und machte keine weiteren Vorschläge zur Ruhe, aber den ganzen Weg nach unten schmollte und knurrte er und ließ sich nicht zu guter Laune überreden . Doch nach dem Abendessen in Zermatt und einem Gespräch mit seinen Freunden sahen die Dinge anders aus und noch am selben Abend suchte er seinen Führer auf, schüttelte ihm die Hand und dankte ihm herzlich für sein Verhalten.

Das erinnert mich an eine andere kleine Szene, die sich auf demselben Berg abspielte und von der ich einen Augenzeugen gehört habe. Ein unbekannter, aber offensichtlich entschlossener Führer schleppte einen keuchenden,

protestierenden Deutschen die Schneehänge zwischen dem Col St. Théodule
und dem Breithorn hinauf . Als mein Freund, der gerade abstieg, sie traf,
flehte der Deutsche jämmerlich darum, nach Hause gebracht zu werden, und
erklärte, er sei fast tot und habe alles gesehen, was er sehen wollte. „Warum
kehren Sie nicht um?", fragte mein Freund den Führer. „Herr", sagte dieser,
„ähm *kann* gehen , äh *muss* gehen — er hat schon bezahlt !" (Herr, er *kann*
gehen, er *muss* gehen – er hat im Voraus bezahlt!)

Hier ist noch eine kleine Geschichte. Es war einmal ein bekannter Führer,
der einen Reisenden auf das Weisshorn führte . Das Wetter war scheußlich.
Außerdem war der Berg in einem sehr schlechten Zustand, bedeckt mit Eis
und weichem Schnee. Der Aufstieg war lang und ermüdend gewesen, und
während des Abstiegs verlor der Herr (es war seine erste Saison), erschöpft
von Müdigkeit, völlig die Nerven. Schließlich rief er aus: „Ich kann nicht
weiter, ich kann einfach *nicht* ." „Das müssen Sie", sagte der Führer. „In der
Tat, ich kann keinen Schritt weiter", erwiderte der Reisende . „Herr", fuhr
der Führer fort, „wenn wir nicht weitergehen, werden wir auf diesem Grat
von der Nacht erfasst und erfrieren, und das darf nicht passieren." Der Herr
stand immer noch wie versteinert da. Der Führer sah, dass seine Worte keine
Wirkung zeigten; also nahm er seine Fassung wieder auf und rief dem Träger
zu: „Ziehen Sie den *Herrn* an den Füßen herunter." Der elende Herr starrte
den Träger schwach an, der Einwände erhob und sagte: „Das wage ich nicht,
er wird so wütend sein; außerdem würden wir alle zusammen ausrutschen,
wenn ich es täte." „Also gut, kommen Sie herauf, und ich werde Ihren Platz
einnehmen. Kümmern Sie sich um sich selbst; ich werde für den Rest
verantwortlich sein", antwortete der Führer, und er und der Träger tauschten
die Plätze. Jetzt kam das Tauziehen. Der Führer stand neben dem Herrn,
packte ihn am Mantelkragen und ließ ihn eine Stufe hinunterfallen. Dies
wiederholte er zwei- oder dreimal, bis der Reisende , beruhigt durch die
Festigkeit des Griffs und die Entschlossenheit der Tat, allmählich sein
geistiges und körperliches Gleichgewicht wiedererlangte und sich bald selbst
helfen konnte.

KAPITEL II I.
EINIGE WEITERE MERKMALE ERSTKLASSIGER FÜHRER.

Es ist eine Platitüde, zu sagen, dass alle guten Führer mutig sind, doch manche sind für ihren „Schneid" bekannter als andere. Die Namen, die den meisten Leuten im Zusammenhang mit dieser Eigenschaft sofort in den Sinn kommen, sind wahrscheinlich die von Michel Croz , Jean-Antoine Carrel, Johann Petrus und einigen anderen in der Vergangenheit und in der Gegenwart Alexander Burgener , Emile Rey, Christian Jossi und, meiner Meinung nach, Martin Schocher . Die drei vorletzten Namen auf meiner Liste sind wohlbekannt; der von Martin Schocher weniger. Ich muss hier einen kleinen Exkurs machen, um einer angenehmen Pflicht nachzukommen. In einer früheren Arbeit, auf die ich bereits hingewiesen habe, machte ich einige wenig schmeichelhafte Bemerkungen über Engadiner Führer. [3] Seitdem jedoch ist Martin Schocher in den Vordergrund getreten und hat ein Maß an Erfahrung gesammelt, das kein anderer Mann aus Pontresina von sich behaupten kann. Es hat in diesem Gebiet nur wenige Expeditionen von herausragender Schwierigkeit gegeben, die nicht von ihm geleitet wurden. Bei den ersten drei Überquerungen des gewaltigen Grates zwischen Piz Scerscen und Piz Bernina führte Schocher die Gruppe an. Als der zentrale Westgrat des Piz Palü nur einmal *bestiegen* wurde , führte er die Gruppe erneut an; und als der Piz Morteratsch vom Sattel zwischen diesem Gipfel und Piz Prievlusa aus bestiegen wurde , bestand die Gruppe nur aus Schocher und Mr. Garwood. Schocher erklärt, dass dieser Aufstieg das schwerste Stück Arbeit war, das er je unternommen hat, da er aus glatten Felsplatten bestand, steil geneigt war und sich sehr oft bis zur äußersten Messerkante verjüngte.

Im vergangenen Herbst verließ Schocher zum ersten Mal seine Heimat und besuchte die wichtigsten Klettergebiete der Alpen (mit Ausnahme des Oberlandes und der Dauphiné). Die Gruppe hatte Glück mit dem Wetter und bestieg die Dent Blanche, die Aiguille de la Za und mehrere andere erstklassige Gipfel. Wenn Schocher noch ein oder zwei Saisons unterwegs wäre, würde er genug Erfahrung sammeln, um mit einigen der besten Männer des Oberlandes gleichzuziehen .

Schocher ist ein ausgezeichneter Bergsteiger, ein wunderbar guter und schneller Tritt (seine Tritte sind groß, wohlgeformt und genau an der richtigen Stelle), von kräftiger Statur und sehr willig und fröhlich. Er ist ein idealer Führer und eine Zierde für Pontresina . Es gibt ein oder zwei junge Führer im Ort, die vielversprechend sind, und Klucker aus Sils ist selbst ein

Gastgeber; man kann dem Engadin also zu Recht zu seinen Fortschritten in dieser Hinsicht während der letzten sechs oder acht Jahre gratulieren.

Obwohl die Bergführer von Chamonix zu Recht für ihre Fähigkeiten auf Eis und Schnee bekannt sind, ist es seltsamerweise ein Mann aus St. Nicholas, der in diesem Bereich der Bergkunde der Beste sein soll. In der Biographie von Joseph Imboden in „The Pioneers of the Alps" schreibt Mr. Barnes: „Seine (Imbodens) Einschätzung der Schneebeschaffenheit ist ausgezeichnet und man kann sich blind darauf verlassen." Manchmal, wenn ich mit diesem Bergführer geklettert bin, habe ich meiner Befürchtung vor möglichen Lawinen Ausdruck verliehen, und er hat meine Ängste ausnahmslos mit einem Witz oder einem dieser beißenden Sarkasmen, die seine Seele liebt , vertrieben; denn seine wunderbare Schnelligkeit, mit der er genau erkennt, wann und wo der Schnee sicher ist und wann oder wo er zu rutschen beginnt, gibt jedem, wie ängstlich er auch sein mag, das Vertrauen zurück.

Ich habe oft mit immer größerer Bewunderung beobachtet, wie sich ein paar erstklassige Führer aus Chamonix durch ein perfektes Labyrinth aus *Gletscherspalten* und anderen Hindernissen arbeiten, die das wilde Chaos eines Eisfalls mit sich bringt. Ich bin zweimal nachts durch die *Gletscherspalten* des Géant gefahren, los um 23 Uhr von Montanvert aus , in Begleitung von Michel Savioz , damals Träger. Er bahnte sich seinen Weg um Gletscherspalten, über Schneebrücken und *Gletscherspalten rauf und runter* , als wäre er es gewohnt, jede Nacht über den Pass hin und her zu gehen; und bei vielen anderen Gelegenheiten war es für mich eine wahre Freude, vom Ende der Karawane aus zu beobachten, mit welcher vollkommenen Zuversicht und Leichtigkeit diese Meister ihres Fachs die Schwierigkeiten eines gebrochenen Gletschers bewältigen. Vor einigen Jahren war ich besonders beeindruckt von der Geschicklichkeit und dem „Schlag", den zwei meiner Führer an den Tag legten, Auguste Cupelin und Alphonse Payot , als sie sich einen Weg über das obere Plateau des Glacier de la Brenva bahnten . Wir waren am Morgen zu einem Biwak auf der Moräne des Gletschers aufgestiegen, wo wir unter einem großen Felsbrocken auf die Reste eines alten Lagers stießen, das wahrscheinlich die Schlafstätte der drei oder vier Gruppen gewesen war, die von diesem Punkt aus verschiedene Ausflüge unternommen oder versucht hatten. Wir deponierten unsere Rucksäcke und Decken, entzündeten ein Feuer mit dem Holz, das wir weiter unten gesammelt hatten, und machten uns dann, nachdem wir eine hastige Mahlzeit verspeist hatten , auf den Weg, um einen Weg über diesen gewaltigen Gletscher zu ziehen. Unser Ziel für den nächsten Tag war, die Besteigung der Aiguille Blanche de Peuteret zu versuchen , aber da einige der vorherigen Gruppen Stunden damit verbracht hatten, den Gletscher zwischen unserem

Biwak und dem Gipfel zu überqueren, beschlossen meine Führer klugerweise, noch am selben Nachmittag einen Weg darüber zu ziehen und so, da wir unseren Weg im Voraus ausgearbeitet hatten, am Morgen mehrere Stunden zu sparen. Der Leser mag sich fragen, warum wir, um Zeit zu gewinnen, unser Nachtquartier nicht auf die andere Seite des Gletschers verlegt haben. Das hätten wir sicherlich getan, wenn wir auch nur den kleinsten Felsbrocken gefunden hätten, auf dem wir uns niederlassen konnten, aber alles war mit Schnee bedeckt, und deshalb blieb uns nichts anderes übrig, als auf dem linken Gletscherufer zu bleiben. Als ich mit einem Teleskop bewaffnet auf einem riesigen Stein saß, der das Eis überblickte, konnte ich alle Bewegungen meiner Führer beobachten. In einem Moment stürzte sich Auguste auf einen großen, taumelnden *Sérac*, im nächsten war er bereits auf den Gipfel geklettert und bereit, auf der anderen Seite hinunterzusteigen, während Alphonse das Seil festzog. Dann sah ich ihn klar, mit einem wilden Sprung, einem gähnenden Abgrund , und er drehte sich um und zog das Seil ein, während Alphonse seinem Beispiel folgte. Dann verschwanden beide, kamen bald wieder in Sicht und schienen aus den Tiefen des Gletschers aufzusteigen, und Auguste machte sich mit seiner Axt an die Arbeit und hackte Stufen eine glasige Wand hinauf, bis er sie bezwungen hatte. Und so arbeiteten sie weiter, kamen ihrem Ziel immer näher, während ich vertieft dasaß und diese brillante Vorführung der Eiskunstlaufkunst beobachtete. Es war dunkel, bevor sie zurückkamen, und ich bin sicher, mein Leser wird mit mir mitfühlen , wenn ich ihm sage, dass wir trotz all dieser Mühen am nächsten Tag nicht in der Lage waren, die Aiguille (damals ein unbetretener Gipfel) zu besteigen. Wir brachen etwa um 1 Uhr morgens auf , überquerten den Gletscher und erklommen die steilen Schneehänge dahinter; aber das Wetter, das bei unserer Abreise leicht bewölkt war, wurde allmählich immer schlechter, bis uns schließlich schwerer Schneefall zwang, unseren Versuch aufzugeben. In furchtbar niedergeschlagener Stimmung kehrten wir zu unserem Biwak zurück, sammelten unser Gepäck zusammen und stiegen mürrisch ins Tal hinab. Wir überquerten den Col de la Seigne an diesem Nachmittag und fuhren am nächsten Morgen bei herrlichem Wetter, aber durch eine dünne Schicht frisch gefallenen Schnees, über den reizenden kleinen Schneepass des Mont Tendu nach St. Gervais und von dort über Chamonix nach Montanvert .

FUSSNOTE:

[3] In allen Bemerkungen, die ich jemals über die Pontresina- Führer als Ganzes gemacht habe , brauche ich wohl kaum zu sagen, dass diese feinen alten Männer, die Brüder Hans und Christian Grass, völlig außerhalb meines Themas lagen. Sie haben das Klettern inzwischen aufgegeben; aber erst vor drei Jahren bestieg Christian zum hundertsten Mal den Piz Bernina, den er

über die „ Scharte " bestieg und die Fuorcla erreichte. Prievlusa über eine
neue und äußerst schwierige Route von Boval aus .

KAPITEL IV.
MEHR ÜBER LEITFADEN.

Es wurde oft diskutiert, ob das Talent, den Weg zu finden oder, häufiger, einen möglichen Weg zu entdecken, wenn kein Weg vorhanden ist, auf Instinkt oder auf Training beruht. Mir scheint, dass es normalerweise auf etwas von beidem beruht, vor allem aber auf letzterem. Diejenigen, die diese Fähigkeit schlicht und einfach auf Instinkt beschränken möchten, führen als Argument die Tatsache an, dass kaum ein Amateur sie in großem Maße besitzt und keiner in dem Ausmaß, wie es ein erstklassiger Führer zeigt. Aber sie vergessen, dass Menschen unserer eigenen Klasse unmöglich die frühe Erfahrung der Schweizer Bauern haben können, von denen viele von Kindheit an daran gewöhnt sind, an allen möglichen schwierigen und gefährlichen Orten herumzuklettern, und oft von ihren Vätern und Nachbarn auf längere Ausflüge auf Berge und Gletscher mitgenommen werden, entweder während Jagdexpeditionen oder manchmal, mit freundlicher Erlaubnis eines Reisenden , als Träger. Ich erinnere mich, wie Peter Taugwalder mich einmal bat, seinen damals 14-jährigen Sohn mit uns auf das Breithorn zu gehen , und der kleine Kerl erwies sich als äußerst tüchtig und bestand darauf, meine Kamera ein gutes Stück des Weges zu tragen. Imbodens ältester Sohn, Roman, hatte mit 15 bereits eine ganze Reihe erstklassiger Besteigungen mit seinem Vater gemacht, darunter die Überquerung des Riedpasses (zweimal), des Alphubel , die Besteigung des Balfrinhorns , des Brunegghorns und anderer großer Gipfel. Als ich ihn 1887 auf den Piz Kesch mitnahm , bemerkte ich, dass seine „Form" bereits ein Niveau erreicht hatte, das nur wenige Amateure übertreffen konnten. Die Art und Weise, wie ein erstklassiger Führer den Weg in der Dunkelheit, bei dichtem Nebel oder einem Schneesturm findet, ist wirklich erstaunlich . Als wir im Januar vom Mont Blanc hinabstiegen, befanden wir uns von dem Augenblick an, als wir oben auf der Mur de la Côte abbogen, in dichtem Nebel, und bevor wir das Grand Plateau ziemlich hinter uns gelassen hatten, war es stockfinster. Doch die Führer gingen weiter, mit fröhlicher, zuversichtlicher Miene, keinen Augenblick zögernd und nur zweimal anhaltend, das erste Mal, um einen Rucksack mit Proviant hervorzukramen, den sie am Morgen auf dem Grand Plateau zurückgelassen hatten und der seitdem im dichten Schnee vergraben war, und das zweite Mal, auf meine Bitte hin, um die Laternen anzuzünden, als ich, eine halbe Stunde vor den Grands Mulets , ungeschickt in eine der Gletscherspalten geriet, die wir überqueren mussten. Und wieder, als ich Ende November von der Aiguille du Tour zur Cabane hinunterstieg d'Orny , die Dunkelheit überkam uns. Bevor wir mit dem Abstieg vom Glacier d'Orny begannen , schlug ich vor, unsere Laterne zu benutzen; aber die Führer lachten, stimmten eines der Lieder der Gegend an und trabten ohne Zögern das Eis hinunter, zwischen den Gletscherspalten hindurch und schließlich bis zur Tür der Hütte, die so tief im Schnee vergraben war, dass man sie kaum erkennen konnte. Tatsächlich ist die kleine Hütte immer schwer zu finden, und Chamonix flüstert manchmal vertraulich, wie ein ehemaliger Führer und ein Freund nach der Überquerung des Col du Tour die Hütte überhaupt nicht entdeckten und nach langem Herumstöbern über den Pass nach Chamonix zurückkehrten !

Ein weiteres Beispiel für die Wegfindung, das mir sehr beeindruckt hat, ereignete sich während eines Abstiegs im Dunkeln von der italienischen Seite des Matterhorns. Einen Großteil der Zeit schien der Mond, aber aufgrund der Felsbeschaffenheit befanden wir uns häufig in völliger Dunkelheit. Alexander Burgener kramte eine Weile herum, ergriff dann den Anfang eines der Fixseile und arbeitete sich mit einer Reihe seiner charakteristischen Grunz- und Schnauben daran hinab. Er verfehlte keinen Augenblick die richtige Route, obwohl der Berg aufgrund der Menge an Eis und Schnee in einem sehr schlechten Zustand war. Noch ein Vorfall, bevor wir zur Betrachtung der nächsten der von mir festgestellten Eigenschaften übergehen. Vor einigen Jahren, im Januar, befand ich mich mit Edouard Cupelin (aus Chamonix) und einigen einheimischen Führern in dem langen *Couloir*, das vom Sellapass zum ersten Gipfel des Piz Roseg führt . Es kam zu einer Diskussion über die beste Route. Die örtlichen Führer rieten uns, uns nach links zu wenden, und Cupelin empfahl, uns rechts zu halten. Natürlich setzte sich die Meinung des Führers durch, und obwohl er bis zum Vortag noch nie im Engadin gewesen war , folgten wir ihm freudig. Als wir das Plateau erreichten, wurde uns klar, dass wir durch die Wahl dieser Route sowohl Zeit als auch Mühe gespart hatten. Tatsächlich erfuhren wir später, dass dies die übliche Route war.

von Pontresina haben seither einen rasanten Aufstieg erlebt und heute dürfte es schwer sein, beispielsweise Martin Schocher als aufstrebenden Führer zu schlagen.

Reisen wir nun vom Engadin ins Berner Oberland , und ich will Ihnen dort von einem Vorfall berichten, der bei den wenigen, die davon hörten, für viel Aufsehen sorgte, dessen Bericht aber meines Wissens in der Alpenwelt nicht zu Ohren kam.

Wieder einmal muss Joseph Imboden in den Vordergrund treten, und nie hat er mehr Applaus verdient als bei dieser Gelegenheit.

An einem Morgen im August brachen zwei Gruppen vom Eggischhorn auf, um den Mönch zu überqueren Joch nach Grindelwald . Einer von ihnen bestand aus einem ans Klettern gewöhnten Engländer, der von Imboden und einem guten, zuverlässigen Träger begleitet wurde. Die zweite Gruppe bestand aus zwei Engländern, einem Führer und einem Träger, denen es allen mehr oder weniger an den Eigenschaften fehlte, die bei der ersten Gruppe so auffällig waren. Beim Abstieg die Hänge oberhalb der Berglihütte ging die zweite Gruppe voran, und die Lage war wie folgt. Direkt unter ihnen war eine tiefe *Bergschrund* oder große Gletscherspalte, zu der ein Eishang führte, den der Führer hinunterschnitt. Hinter ihm war einer der Reisenden , dann kam der andere und als letzter am Seil, in einem Zustand verzweifelter Angst angesichts der Schrecken unter ihnen, war der Träger. Die andere Gruppe, bei der, glücklicherweise, Imboden als Erster am Seil war, war dicht dahinter – tatsächlich war Imboden selbst nur durch eine Distanz von ungefähr zwei Metern vom Träger der anderen Gruppe getrennt. In diesem besonders günstigen Moment kam dem Herrn auf dem Eishang die Idee, seine Axt in einen benachbarten Schneefleck zu stoßen, der fast außerhalb seiner Reichweite lag, und seine Brille abzunehmen, um sie abzuwischen. Kaum hatte er mit dieser Operation begonnen, als zu seinem Entsetzen der Führer, der unten schnitt, ausrutschte. Der Herr mit der Brille folgte seinem Beispiel, ebenso sein Begleiter hinter ihm, und so rief er mit einem wilden „ Wir sind alle verloren !", sagte der Portier. Doch kaum hatte er den Halt verloren, als in ruhigem, klarem Ton hinter ihm die Bemerkung kam: „ Noch nicht !" (Noch nicht), und er fühlte sich aufgehalten und zurückgehalten. Was tatsächlich geschah, war Folgendes (ich erfuhr es von dem Herrn, den Imboden führte und der von seiner Position hinter und über ihm die bestmögliche Sicht auf die Situation hatte). Als Imboden sah, wie das Brillenputzen begann, witterte er instinktiv Gefahr und hakte die Schneide seiner Axt durch das Seil, das um die Taille des Trägers lag. Unmittelbar danach, wenn nicht gleichzeitig, rutschte er aus und die ganze Last des Gewichts der vordersten Gruppe lastete auf Imboden . Er blieb jedoch fest auf dem Boden und hielt sich ohne Schwierigkeiten, bis sie wieder auf den Beinen waren. Ohne Imbodens Kühle und Schnelligkeit wäre ein sehr schwerer und höchstwahrscheinlich tödlicher Unfall passiert. Zwei oder drei Tage später, als ich mit Imboden den Eiger bestieg , befragte ich ihn zu diesem Vorfall. Er nahm seine außergewöhnliche Leistung völlig als selbstverständlich hin und lehnte es ab, ihr irgendeinen Wert beizumessen. Ich fürchte, die beiden Engländer (oder eher der Brillenmann) waren sich ihrer Flucht kaum bewusst . Nun, Menschen vollbringen derartige Taten nicht nur, um sich zu bedanken oder eine Belohnung zu erhalten, obwohl ich versichern kann, dass ein paar herzliche Worte der Dankbarkeit weitaus mehr wert sind als eine bloße finanzielle Ausdrucksform desselben.

Ein guter Führer ist in der Regel in der Lage, die meisten Dinge zu erledigen, und hat im Allgemeinen reichlich Ressourcen für unvorhergesehene Schwierigkeiten aller Art. Kurz gesagt, er ist immer bereit, der Situation gewachsen zu sein, ganz gleich, was für unerwartete Dinge sich ergeben mögen. So mancher Führer, mit dem ich gereist bin, hat die Qualitäten eines ausgezeichneten Kochs, einer Zofe (!), eines Kuriers und eines erstklassigen

Zimmermanns mit denen eines angenehmen Begleiters und den besonderen Merkmalen seines Berufs in sich vereint. Als Beweis für das Obige möchte ich anmerken, dass ein kleines Abendessen in einer Hütte oft eine Mahlzeit ist, die man keineswegs verachten sollte, da die Einfallsreichtum, der beim Kochen mit so gut wie keinen Geräten zum Ausdruck kommt, wirklich wunderbar ist. Was das Verpacken der eigenen Kleidung betrifft, wurde mir mehr als einmal gesagt, dass die Art und Weise, wie ich Kleider falte, sehr zu wünschen übrig lässt, während mir ein Vorfall, der sich vor einigen Jahren zu diesem Thema ereignete, noch lebhaft im Gedächtnis ist. Als ich in einem bestimmten Hotel meine Rechnung bezahlte, hatte ein Posten von 150 Francs für eine gerissene Klaviersaite meine Empörung erregt. Erstens war der Faden durch den Frost gerissen, und zweitens waren 150 Francs ein absurder Preis. Ich verließ das Hotel sofort angewidert und schaffte meine Abreise in kürzester Zeit, dank meines Führers, der mir tapfer half, indem er Kleider und Hüte, Stiefel und Schuhe mit blitzschneller Geschwindigkeit einpackte, und was noch wichtiger ist: Sie waren genauso tragbar, als sie aus meinem Koffer kamen, wie als sie hineingelegt wurden. Ich war sehr amüsiert, als ich bei einem Aufstieg vor einigen Jahren sah, wie mein Träger Nadel und Faden hervorholte und feierlich begann, einen Riss in meinem Kletterrock zu reparieren. Ich kann nicht sagen, dass die Arbeit sehr gut war, aber sie hielt so lange, wie dieses Kleidungsstück je gehalten hat.

Es gibt mehrere Vorfälle, die ich im Zusammenhang mit der Muskelkraft erwähnen möchte, die uns die Natur und das Training in bemerkenswertem Maße verliehen haben.

Einer der vielleicht bemerkenswertesten Fälle großer Kraftanwendung genau im richtigen Moment war der folgende. Miss Lucy Walker beschrieb ihn mir als einen Vorfall, der ihrem Bruder, Mr. Horace Walker, widerfuhr.

Letzterer erklomm in Begleitung von Peter Anderegg eine steile Eiswand. Der Führer ging voran und schnitt Stufen in den Fels. Der Weg war durch ein großes Stück Fels versperrt, das offenbar fest im Eishang festgefroren war. Während Mr. Walker direkt unterhalb des Felsbrockens stand, arbeitete sich Anderegg seitlich darum herum. Er setzte die obere Ebene des Felsbrockens auf den Boden und stellte einen Fuß auf die große Masse, die sich zu seinem Entsetzen sofort zu bewegen begann. Zu schreien und seinen Begleiter unten zu warnen, hätte viel zu viel Zeit gekostet; es gab nur einen Weg, Mr. Walkers Leben zu retten, und den er sofort ergriff. Im Nu war er wieder auf seinen letzten Halt gestiegen und hatte Mr. Walker mit einem gewaltigen Ruck aus seinen Stufen und den Hang entlang geschleudert. Unmittelbar danach donnerte der riesige Stein den Hang hinunter, über die

Stelle, an der sich bis einen Moment zuvor Mr. Walker befunden hatte. Das ist, glaube ich, das Wunderbarste dieser Art, von dem ich je gehört habe.

Ein weiterer sehr eindrucksvoller Beweis prompt eingesetzter Kraft ereignete sich auf dem Piz Palü , einem Berg der Berninagruppe, während einer Besteigung durch Frau Wainwright, Dr. Wainwright und die Bergführer Christian und Hans Grass. Ich zitiere das Folgende aus Dr. Ludwigs hervorragendem Büchlein „ Pontresina und seine Umgebung ".

„1879 ereignete sich am Piz Palü ein Unfall , der eine ähnliche Ursache hatte und beinahe ein ähnlich tödliches Ende genommen hätte wie der Unfall am Lyskamm zwei Jahre zuvor. Der mittlere und der westliche Gipfel sind durch einen schmalen Grat miteinander verbunden; auf der Seite des Persgletschers (Norden) bildet der gefrorene Schnee (*Firn*) teilweise einen überhängenden Schneebrett. Herr W. und seine Schwägerin, Frau W., hatten mit den beiden erfahrenen Führern Hans und Christian Grass den höchsten Gipfel bestiegen und befanden sich auf dem Rückweg; Christian Grass führte, dann Herr W., Frau W. und zuletzt Hans Grass. Es herrschte dichter Nebel. Die ersten drei der Gruppe betraten das Schneebrett; es gab plötzlich nach, und alle vier wären die Eiswand hinabgestürzt, die dort etwa zweitausend Fuß steil abfällt, hätte Hans Grass nicht die Geistesgegenwart und die körperliche Aktivität und Kraft gehabt, sofort auf die gegenüberliegende Seite des Grates zu springen und seine Füße fest in den Schnee zu stellen. Glücklicherweise hatte Herr W. seine Axt nicht verloren; er gab sie Christian Grass, der sich in dieser schrecklichen Situation vom Seil losband und sich einen Weg auf den Grat bahnte, wo er und sein Bruder mit vereinten Kräften Herrn und Frau W. in Sicherheit bringen konnten."

Was für ein furchtbarer Moment der Spannung muss es gewesen sein, als Mr. W. seine Axt auf den Führer unten fallen ließ, der, wenn er sie nicht aufgefangen hätte, die letzte Chance zur Rettung der Gruppe vertan hätte.

Palü sehr ähnelte, ereignete sich am 18. August 1880 auf dem Ober-Gabelhorn bei Zermatt. Auch in diesem Fall kam, wie schon am Palü , niemand ums Leben, dank des schnellen Eingreifens eines der Bergführer, Ulrich Almer . Ich zitiere den folgenden Bericht des Ereignisses aus Ulrichs Buch:

„Wir nahmen den Berg direkt von der Triftalp aus in Angriff , hatten die steilen Felsen erklommen und den östlichen *Grat erreicht, auf dem wir uns etwa zwölf Meter vom Rand entfernt bewegten, als ein riesiger Schneebrett einstürzte und den führenden Führer* Brantschen und die beiden Reisenden mit sich riss . Almer , der als einziger auf *festem Boden geblieben war* , bewies außergewöhnliche Kraft und Geistesgegenwart. Als er das Knacken des Schneebretts hörte, sprang er sofort einen Meter zurück, stieß seine Axt in den Schnee und konnte, indem er sich so fest wie möglich aufstellte, den Sturz der gesamten Gruppe einen etwa 2000 Fuß hohen Abgrund hinab aufhalten. Joseph Brantschen , der am weitesten den Abgrund hinabstürzte, verrenkte sich die rechte Schulter, und dieses Unglück hatte einen langen und für ihn äußerst schmerzhaften Abstieg zur Folge, und der Rückweg nach Zermatt dauerte acht Stunden, wobei der Verletzte alle zwei oder drei Minuten vor Schmerz und Erschöpfung anhalten musste. Es sollte erwähnt werden, dass die umgestürzte Schneewechte (soweit wir das beurteilen können) etwa 37 Meter lang und 13 Meter breit war.

„Herr CE Mathews, Präsident, und andere Mitglieder des Alpine Clubs untersuchten die Einzelheiten des Unfalls sorgfältig und kamen zu dem Schluss, dass wir gemäß allen bis dahin akzeptierten Theorien über Schneewechten einen ausreichenden Spielraum eingeräumt hatten und dass dem führenden Bergführer Brantschen keine Schuld zuzuschreiben sei ... Es kann nicht der geringste Zweifel darüber bestehen, dass es einzig und allein Ulrich Almers Kraft, Geistesgegenwart und blitzartiger Reaktionsschnelligkeit zu verdanken ist, dass dieser Unfall am Gabelhorn nicht mit denselben tödlichen Folgen endete wie die Lyskamm- Katastrophe.

(*Unterzeichnet*)

HH MAJENDIE , AC .
RICHARD L. HARRISON. "

Als praktischen Beweis ihrer Dankbarkeit gegenüber Almer schenkten diese Herren ihm, soviel ich weiß, eine Kuh.

———

KAPITEL V.
WEITERE ANEKDOTEN VON FÜHRERN.

Ausdauer ist für einen Führer, der erstklassige Besteigungen durchführt, absolut notwendig. Es ist einfach erstaunlich, wie viel Anstrengung ein Führer durchstehen kann, ohne Anzeichen von Aufgeben zu zeigen. Einmal kehrte Alexander Burgener nach vierzehnstündigem Klettern nach Zermatt zurück, reiste noch am selben Abend mit mir ab und unternahm weitere dreiundvierzig Stunden Anstrengung (abgerundet durch einen zweistündigen Halt auf einem exponierten Felsvorsprung, während wir auf den Mond warteten), fast „ohne mit der Wimper zu zucken". Auch der Träger hatte an beiden Besteigungen teilgenommen, und obwohl er sicherlich erschöpft war, als wir Zermatt erreichten, war er noch lange nicht erschöpft.

Ich habe erlebt, wie Martin Schocher in einer Woche fünfmal auf den Piz Bernina stieg und an den beiden anderen Tagen einen „Ruhetag" auf dem Piz Palü einlegte. Zu den langen Exkursionen, die ich mit Führern unternahm, die nach ihrer Rückkehr erklärten, sie fühlten sich ganz frisch, zählen die Dent du Géant (23 Stunden), Aiguille du Midi (Winter), 20 Stunden, Col d'Argentine (Winter), 20 Stunden und das Finsteraarhorn, rauf und runter über das Agassizjoch (nach der Besteigung des Schreckhorns am Vortag), 23 Stunden.

Die Ausdauer eines Führers wird am meisten auf die Probe gestellt, wenn eine Gruppe auf schlechtes Wetter stößt oder in exponierter Lage von der Nacht überrascht wird. Vor einigen Jahren wurde eine Gruppe, bestehend aus Mr. Howard Knox und einem Deutschen, sowie Peter Dangl aus Sulden und Martin Schocher aus Pontresina , auf dem *Grat* des Piz Scerscen von der Nacht überrascht . Der Deutsche war vor Kälte und Erschöpfung fast bewusstlos und auch Mr. Knox war vom Schlafmangel erschöpft. Die Führer hörten die ganze Nacht über nicht auf, den Deutschen zu streicheln und zu pflegen, und von Zeit zu Zeit nahm Schocher Mr. Knox in die Arme und gönnte ihm drei oder vier Minuten Schlaf, was ihn viel mehr erfrischte, als man nach der kurzen Zeit, in der er gefahrlos schlafen konnte, erwarten würde. Bei Tagesanbruch führte Schocher die Gruppe in großartigem Stil eine völlig neue Route hinunter zum Scerscen- Gletscher und brachte sie alle noch am selben Nachmittag sicher und wohlbehalten nach Pontresina zurück. Die letzte Glanzleistung von Jean-Antoine Carrel als Bergführer im Jahr 1890, als er seine Gruppe nach zwei Tagen Schlechtwettereinwirkung in der oberen Hütte auf der Südseite des Matterhorns nach zwanzig Stunden harter Arbeit sicher aus all ihren Schwierigkeiten befreite und sich dann hinlegte und starb, ist einer der ergreifendsten Vorfälle in der Alpengeschichte.

Dazu schrieb Whymper im *Alpine Journal* : „Es besteht kein Zweifel, dass Carrel, so geschwächt er auch war, sich hätte retten können, wenn er auf seine Selbsterhaltung geachtet hätte. Er schlug einen edleren Weg ein, akzeptierte seine Verantwortung und widmete seine ganze Seele dem Wohl seiner Kameraden, bis er völlig erschöpft taumelnd in den Schnee fiel. Er lag bereits im Sterben; sein Leben flackerte, doch sein tapferer Geist sagte: „Es ist *nichts* .“ Sie stellten ihn nach hinten, um ihm die Arbeit zu erleichtern; er war nicht einmal mehr in der Lage, sich selbst zu stützen; er fiel zu Boden und verschied nach wenigen Minuten.“

Ein außergewöhnlicher Fall von Ausdauer fiel mir vor kurzem auf, als ich einige alte Ausgaben des *Alpine Journal durchblätterte* . Er hat nichts mit Reiseführern zu tun und ist daher hier vielleicht fehl am Platz. Da es mir mit diesem kleinen Werk jedoch eher darum geht, das Interesse meiner Leser zu wecken, als eine sorgfältige Klassifizierung der Themen anzustreben, werde ich den Bericht zu ihrem Nutzen zitieren.

„Die gleiche Nummer des gleichen Werkes (*also* das *Bulletino Trimestrale* , Nr. x und xi) berichtet von einem alpinen Missgeschick, das so außergewöhnlich ist, dass es Beachtung verdient, und so unglaublich, dass es kaum der Rede wert erscheint. Aber es ist ebenso ausgeschlossen anzunehmen, dass das Organ des italienischen Alpenclubs selbst einer Fälschung schuldig ist, oder dass es in einer Angelegenheit gefälscht sein könnte, die durch die Unterschrift dreier hochrangiger italienischer Herren, durch eine öffentliche Subskription und durch ein offizielles Dokument bestätigt wurde. Vor diesem Hintergrund geben wir die folgende Erzählung, die stark aus dem Italienischen gekürzt ist.

„Eine Gruppe junger Männer, die bei der Fell-Eisenbahn über den Mont Cenis beschäftigt waren, machten sich etwa Mitte Oktober 1866 auf den Heimweg über den Col du Collarin in das piemontesische Ala-Tal. Fast oben, noch auf der Savoyer Seite, rutschte einer von ihnen namens Angelo Castagneri offenbar am Rand der *Bergkluft* aus und verschwand. Statt in das kaum eine Stunde entfernte Dorf Averolles zurückzukehren, um Hilfe zu holen, scheinen seine Gefährten von der Vorstellung besessen zu sein, dass einem Mann, der tief in einem Gletscher versank, nicht mehr zu helfen sei, und überquerten den Pass nach Balme , dem ersten Dorf, in dem Castagneris Eltern lebten. Sie nahmen es gelassen, denn es dauerte eine Woche, bis ihn jemand suchte. Dann stieg der Vater mit Hilfe einer Leiter hinab und fand ihn auf der nassen Erde neben einem Blutklumpen liegend, der aus einer Wunde an seinem Kopf geflossen war, und er war noch am Leben. Es dauerte neun oder zehn Stunden, ihn nach Hause zu bringen, wobei die Leiter als Bahre verwendet wurde, und es vergingen viele Tage, bevor er von einem Arzt untersucht wurde." Der Bericht fährt fort, dass es neun Monate dauerte, bis er nach Turin gebracht und dort in ein Krankenhaus eingeliefert wurde, wo seine Beine, die er durch Erfrierungen und die darauf folgende Demütigung verloren hatte, anscheinend ohne Amputation geheilt wurden. Castagneri sagt, dass er sich von seinem Sturz an nichts erinnern konnte, bis er durch die Stimme und Berührung seines Vaters aufgeweckt wurde. In diesem Fall lag er acht bis neun Tage bewusstlos da und verdankte sein Leben wahrscheinlich seiner Bewusstlosigkeit.

Das Thema der vielfältigen Freundlichkeiten und selbstlosen Taten, die Führer sowohl ihren Arbeitgebern als auch einander gegenüber zeigen, ist so umfassend, dass ich es nur sehr oberflächlich berühren kann. Ich erinnere mich gut, vor einigen Jahren von einer sehr freundlichen Tat Melchior Andereggs gehört zu haben . Die Gruppe war den Dent d'Heréns bestiegen und auf dem Rückweg wurde Ulrich Almer von einem Stein getroffen und schwer verletzt. Es war unmöglich, ihn in dieser Nacht nach Zermatt hinunterzubringen und er musste mehrere Stunden auf den Felsen sitzend auf den Anbruch des Tages warten. Es war extrem kalt und Melchior zog seinen Mantel aus, wickelte den Verwundeten darin ein und blieb die ganze Nacht in Hemdsärmeln.

In meinem Werk „Die Hochalpen im Winter" habe ich erzählt, wie meine Führer, während ich in der Cabane schlief, d'Orny (in der Nähe des Orny-Gletschers), zogen ihre Mäntel aus und deckten mich damit zu, damit mir nicht kalt wurde, während sie die ganze Nacht über aufblieben, heißen Tee kochten und miteinander in Geschichten von Gämsenjagden wetteiferten.

Jeder gute Führer muss Erfahrung haben. Hier ist eine Anekdote, die zeigt, wie ein Mitglied des Berufsstands diese Erfahrung erworben hat. Dieser Führer, heute wohlbekannt und in der ersten Reihe, begann seine Karriere mit zwei Deutschen als Opfern. Die Gruppe war, glaube ich, auf dem Weg zur Cima di Jazzi , und als das Eis des Gornergletschers dem Schnee wich, war der Moment gekommen, das Seil anzulegen. Der Führer war sehr verwirrt und konnte nur langsam denken. Unterdessen standen die beiden Herren, die in der Bergkunde ebenso wenig Ahnung hatten wie ihr Vormund, daneben und sahen zu, wie das Seil langsam abgerollt wurde. Schließlich fasste der Führer einen plötzlichen Entschluss, machte an jedem Ende des Seils eine Schlaufe, legte es seinen beiden Schützlingen um den Hals, nahm das Seil in der Mitte und hielt es in der Hand, wobei er gerade genug angeborenen Verstand besaß, es nicht um seinen eigenen Hals zu binden! In diesem furchtbar gefährlichen Zustand blieben sie während des gesamten Aufstiegs. Auf dem Rückweg sah man eine andere Gruppe näher kommen. Der Führer hielt inne, als er feststellte, dass sie von einem Freund angeführt wurde. Er nahm ihn beiseite und sagte: „Sag mir, wie muss man Leute mit dem Seil festbinden? Habe ich das nicht richtig gemacht?" Der andere Führer antwortete mit innerer Heiterkeit: „Oh ja, das ist ganz richtig!" Woraufhin sein Freund ausrief: „Und doch versichere ich Ihnen, dass die Herren mich den ganzen Tag beschimpft haben!" So viel zu dieser angenehmen Operation, die man als „Erfahrung kaufen" bezeichnet.

Der Führer mit der größten Erfahrung in den Alpen ist meiner Meinung nach Christian Almer , wenn wir unter Erfahrung eine große Anzahl verschiedener Besteigungen und Exkursionen verstehen. Die Oberländer reisen häufiger als alle anderen Führer außerhalb ihres eigenen Gebiets; danach wahrscheinlich die Männer aus Saas und St. Nicholas; dann einige der Führer aus Chamonix (wenn auch nicht viele). Peter Dangl aus Sulden in Tirol und mehrere Männer aus Valtournanche trifft man ebenfalls auf *Reisen* , ersterer sehr häufig.

Zum Abschluss des Themas der Bergführer möchte ich nur hinzufügen, dass ich davon ausgehe, dass diese kleinen Details meiner Erfahrung mit ihnen und denen anderer einigen geholfen haben, besser zu verstehen, was für eine großartige Truppe sie sind und wie viel man lernen kann, wenn man sie gut kennt und den ständigen Umgang mit ihnen pflegt, den jeder Bergsteiger genießt. Ich habe versucht zu zeigen, dass die oberen Ränge des Berufsstands nicht aus einer Anzahl selbstsüchtiger, unwissender, gewissenloser Bauern bestehen, die alle Reisenden als ihre rechtmäßige Beute betrachten, sondern aus einer Gruppe mutiger, edler Männer, die oft durch herausragende intellektuelle Qualitäten auffallen und in vielerlei Hinsicht als Klasse einzigartig sind.

KAPITEL VI.
ALPENLEBEN.

Wissen Sie, meine Leser, was eine Alp ist? Vielleicht erscheint Ihnen die Frage trivial und Sie sind geneigt, empört zu antworten: „Natürlich!" Nun, vielleicht haben Sie recht; aber ich werde trotzdem eine Alp beschreiben, denn es ist auch sehr gut möglich, dass Sie sich irren. Was eine Alp nicht ist, möchte ich zunächst mit der nachdrücklichsten Feststellung beginnen, dass sie kein Berg ist, dass sie im Sommer nicht schneebedeckt ist und dass sie überhaupt nichts mit den Naturereignissen zu tun hat, die in Reiseführern als „die Alpen" bezeichnet werden. Eine Alp wird mit einem kleinen *a* geschrieben – das ist ein Unterschied. Sie ist eine Weide, auf der im Sommer Kühe, Ziegen und große schwarze Schweine leben und die von jungen Männern und Mädchen bewacht wird, die sich um sie kümmern; folglich ist sie nur im Winter schneebedeckt, und da sie den Tieren schönes und nahrhaftes Gras liefert, bietet sie ein ganz anderes Aussehen als die felsigen und eisbedeckten Seiten der Alpen (mit einem großen *A*).

Während der langen Wintermonate werden die für die Schweizer so wertvollen Kühe in heißen, oft stickigen Ställen in den Dörfern gehalten und nur täglich zum Tränken herausgeholt. Für Wintergäste in den Alpen ist es ein vertrauter Anblick, diese Tiere auf der Dorfstraße zu treffen, wie sie herumspringen und galoppieren, um ein paar Atemzüge frischer Luft zu genießen, auf dem Weg zu einer der vielen Tröge, mit denen selbst die kleinsten Alpendörfer so großzügig ausgestattet sind.

Anfang Mai werden die Kühe aus ihren Ställen geholt und auf die tiefer gelegenen Alpen getrieben . Diese Alpen sind eine große Einnahmequelle für das Land. Viele Besitzer großer Viehherden besitzen bis zu drei Alpen, die in unterschiedlichen Höhenlagen an den Berghängen liegen. Die Kühe wandern zuerst auf die untersten Alpen, und wenn deren üppiges Weideland vollständig ausgeschöpft und erheblich geschrumpft ist, ist der Schnee auf den darüber liegenden Hängen geschmolzen und die Herde zieht weiter dorthin. Mitte Juni oder später ist die höchstgelegene Alp erreicht und dort bleiben die Tiere, bis der Frühherbst naht. Dann steigen sie ab und machen etwa einen Monat auf den Zwischenstationen Halt, bis sie sich Ende Oktober wieder zum Überwintern im Tal niederlassen.

Der Tag, an dem die Kühe auf die Alpen ziehen, wird in den meisten Schweizer Dörfern mit großem Jubel gefeiert. In alten Zeiten muss er zweifellos früher in der Saison stattgefunden haben als heute, denn der 1.

März wird immer noch als Fest gefeiert, das dem Aufbruch der Kühe auf die Weiden gewidmet ist. Und wenn das Tal am 1. März schneefrei war, waren die unteren Alpen sicherlich schon im April bewohnbar.

Ein interessanter Bericht von Herrn Bavier über die Feierlichkeiten zum 1. März erschien in der *St. Moritz Post* vom 10. März 1888, und ich denke, meine Leser wünschen, dass ich einen Teil davon abdrucke. Herr Bavier schreibt unter der Überschrift „ Chalanda Mars“:

„Was ist der Chalanda Mars? “, werden fast alle meine Leser fragen. Hier ist es das größte Fest der Kinder, und in jedem Dorf, egal wie klein, wird der Chalanda Mars mit so viel Glanz wie möglich gefeiert. Seit Hunderten von Jahren ist es Brauch, dass die Familienoberhäupter einen bestimmten Betrag spenden, der dem Schulmeister zur Verfügung gestellt wird, und mit dem er einen Vorrat an Sahne, Kuchen, Süßigkeiten und anderen Dingen besorgt, die dem jugendlichen Gaumen lieb sind. Am 1. März (Chalanda , d. h. „Anfang“) gehen die Schulleiter der Dorfschule durch die Straßen, läuten große Kuhglocken, knallen mit Peitschen und singen –

' Chalanda Mars, Chaland April ,

Lasché las vaschas unsere d'nuigl ,

Cha l'erva crescha

Ich bin naiv schwanescha ,'

was bedeutet,

Anfang März, Anfang April,

Bringt die Kühe aus ihren Ställen,

Denn das Gras wächst,

Und es schneit.

„Während ihrer Prozession durch das Dorf sammeln die Jugendlichen Kastanien oder andere Leckereien, die ihnen die Zuhörer ihrer Musik anbieten. Am darauffolgenden Sonntag werden diese Schätze auf einer Art prächtigem ‚Buffet‘ präsentiert und alle Kinder des Dorfes, sogar die Babys, sind eingeladen, sich daran zu bedienen. Nach dem Abendessen sorgt ein Tanz für zusätzliche Belebung und lässt die kleinen Leute ungeduldig auf den , Chalanda Mars‘ im nächsten Jahr blicken.“

Die Herde, die vielleicht aus Tieren besteht, die zwanzig oder mehr verschiedenen Personen gehören, wird bei ihrem Aufbruch in die Berge von der größten und schönsten Kuh angeführt. Sie ist mit der besten und tiefsten Glocke geschmückt und versäumt es nie, bei jedem Marsch vor allen ihren Gefährtinnen zu stehen. Wenn sie jedoch aufgrund ihres Alters oder einer

Krankheit ihre Überlegenheit verliert und ihre Glocke um den Hals eines anderen Tieres gelegt wird, verfällt sie manchmal in eine solche Niedergeschlagenheit, dass ihre Gesundheit ernsthaft beeinträchtigt wird.

Tschudi erzählt, dass er einmal, als die Herden sich zum Abstieg von der oberen Alp Bilters anschickten , einen wütenden Kampf zwischen zwei Kühen bemerkte. Als er nach dem Grund fragte, erzählten ihm die Hirten, dass eine der Kühe beim Aufstieg die große Glocke getragen hatte, diese aber während des Aufenthalts auf der Alp von ihrem Hals auf den eines noch schöneren Tieres übertragen worden war. Die erste Kuh, die die Töne ihrer alten Glocke gehört hatte, war von weit her gekommen und hatte bei ihrer Ankunft sofort Kampfgeist an den Tag gelegt, um sich für den Verlust ihres früheren Vorrechts zu rächen.

Nach dem Anführer der Herde folgen die nächstwichtigeren Tiere, und es heißt, dass jedes Mal, wenn ein neues Tier zur Herde hinzukommt, der letzte Neuankömmling nacheinander mit jeder der Kühe kämpft, und das Ergebnis der Kämpfe bestimmt ihre Position unter ihren Gefährten. Die Glocken, die die Kühe tragen, sind manchmal so groß, dass sie einen Fuß im Durchmesser messen, und kosten in einigen Fällen bis zu achtzig oder hundert Francs.

Sennerin , oder einem Kuhhirten, einem *Senner* , in ihr Sommerquartier begleitet . Man stellt sich oft vor, dass diese Bauern ein romantisches Leben voller Müßiggang führen, auf dem smaragdgrünen Rasen liegen, umgeben von schneebedeckten, glitzernden Gipfeln, und die Klippen mit ihren Jodeln oder dem „ Ranz des Vaches " widerhallen lassen .

Ich möchte hier hinzufügen, dass laut Dr. Forbes der Name „ Ranz des Vaches " von dem „Rang" oder der Reihe abgeleitet ist, wo die Kühe zum Melken stehen, wobei „ Ranz des Vaches " normalerweise von den Bauern gesungen wird, wenn sie in die Alpen aufbrechen . In einem Werk von H. Szadrowsky mit dem Titel „Musik und die Musikinstrumente der Alpenbewohner" (1868) heißt es jedoch, dass „*Ranz* " *von „ranner"* (schreien) (Schweizerromanisch) abgeleitet ist und „ Ranz des Vaches " von „*Reihen* " oder „*Reigen* ", einem Lied. Tatsächlich ist das Leben der Bauern, die diese Alpen bewohnen, keineswegs ein faules. Sie stehen vor Tagesanbruch auf – ich habe sie oft schon um 3 Uhr morgens auf den Beinen gesehen – und müssen ihre Kühe aus dem Unterstand lassen, in dem sie die Nacht verbracht haben. Wenn eines der Tiere krank ist, muss es versorgt werden. Sie müssen zweimal täglich gemolken werden und die Käseherstellung ist ein wichtiger und mühsamer Teil der Tagesroutine.

Im Engadin und überhaupt in ganz Graubünden sind die Alphütten aus Holz oder massivem Stein gebaut, sie sind bequem und geräumig und bieten dem Vieh guten Schutz. In vielen Teilen des Wallis hingegen sind die primitiven Steinhütten der Kuhhirten, die so niedrig sind, dass man in manchen Fällen nicht aufrecht stehen kann, nichts weiter als armselige, schnell errichtete Schuppen, deren Wände aus Steinen bestehen, die ohne Rücksicht auf dazwischenliegende Lücken aufeinandergestapelt sind, und die ein Dach aus Felsplatten bedeckt. Auf vielen dieser Alphütten haben die Kühe überhaupt keinen Schutz , und oft bin ich beim Durchqueren von Bergweiden des Nachts aufgeschreckt worden, als ich plötzlich über eine warme Masse stolperte, die im langen, taufeuchten Gras schlummerte.

Die höchstgelegenen Weiden liegen normalerweise auf etwa 2.300 Metern, aber am Riffel oberhalb von Zermatt sieht man Kühe auf über 2.400 Metern grasen, und an den Südhängen der italienischen Alpenseite kommen sie noch höher. In mehreren Teilen der Schweiz müssen die Kühe, um zu ihren Sommerquartieren zu gelangen, das Eis der Gletscher überqueren, und am Montanvert oberhalb von Chamonix kann man sie im Juni und Oktober über das Mer de Glace grasen sehen .

In der Schweiz gibt es zwei verschiedene Rinderarten. Die eine ist in den Gebieten zwischen dem Bodensee und der Ostgrenze des Wallis zu finden, während der Westen von einer anderen Art bewohnt wird. Die erstere ist leicht zu erkennen, da sie einheitlich braun ist, manchmal dunkel und manchmal hell, während die andere weiß mit schwarzen oder gelben Flecken ist und manchmal ganz rot oder schwarz ist und nur einen weißen Fleck auf der Stirn hat. Die erste dieser beiden Arten ist, wie man festgestellt hat, schwerer oder leichter, je nachdem, ob sie im Tiefland oder in den höheren Tälern lebt.

Die schwersten und schönsten dieser Tiere findet man im Kanton Schweiz und erreichen ein Gewicht von zwanzig bis fünfundzwanzig Fünflingen . Von der letzteren Art leben die besten Exemplare in Bulle , Romont und der Ostschweiz im Allgemeinen. Diese Tiere sind die schwersten von allen.

Für weitere Informationen zum „Alp Life" verweise ich meine Leser auf Tschudis „Monde des Alpes ".

KAPITEL VII.
DIE GÄMSE.

Unter den Tieren, die man in den Alpen antrifft, ist für Reisende keines so interessant wie die Gämse. Der Grund dafür ist nicht schwer zu suchen, denn das Tier ist so selten, dass es sowohl die Neugier als auch die Fantasie anregt, und seine Jagd ist bekanntlich so schwierig und oft gefährlich, dass sie oft als „Bergsteigen ohne Seil" beschrieben wird. So wird das ganze Thema mit einem Hauch von Romantik überzogen.

Die Gämsenjagd ist in der Schweiz nur während eines Monats im September erlaubt. Ausländer können in diesem Land nur selten daran teilnehmen, da es sehr schwierig ist, eine Lizenz zu erhalten. Tatsächlich kann der Ausländer diese nur erhalten, nachdem er eine Niederlassung beantragt hat (die viele Einbürgerungsrechte ohne Verlust der Rechte eines frei geborenen Briten gewährt), und dies ist ein sowohl mühsamer als auch langwieriger Prozess, der außerdem einen längeren Aufenthalt in der Schweiz erfordert.

Es gibt jedoch noch mehrere andere Möglichkeiten, mit denen der leidenschaftliche Jäger seinen Willen durchsetzen kann. Eine davon besteht einfach darin, zum Schießen zu gehen und, ohne Rücksicht auf finanzielle Erwägungen, für jede erlegte Gämse eine hohe Geldstrafe zu zahlen. Wann die Schweizer Behörden jedoch den Gesetzesbrecher für unverbesserlich erklären und ihn in eines ihrer Gefängnisse einweisen würden, weiß ich nicht.

Eine dritte Möglichkeit, die normalerweise befolgt wird, besteht darin, dass der Ausländer einen Einheimischen begleitet, der mit einer Lizenz und einer Waffe für den eigenen Gebrauch bewaffnet ist. Ich behaupte nicht, dass letztere in der Aufregung der Jagd nicht manchmal den Besitzer wechselt.

Mit einem Gewehr und ohne die Hilfe des zuverlässigen Seils und Eispickels erfordert die Gämsenjagd außerordentliche Aktivität und Ausdauer. Die meisten Engländer, die diesen Sport betreiben, haben ihr Hauptquartier in den italienischen Alpen, wo die staatlichen Vorschriften weniger streng sind als in unserem Land.

Im Engadin gibt es grosse Gämsenherden, und im Sommer kann man fast täglich dreißig bis vierzig Tiere auf den Hängen des Piz Tschierva gegenüber dem Restaurant Roseg grasen sehen . Dies liegt zweifellos daran, dass dieser Teil des Engadins seit einigen Jahren streng geschützt wird.

Zum Nutzen jener meiner Leser, die noch nie eine Gämse gesehen haben, entnehme ich die folgende Beschreibung einer Gämse Herrn Baillie Grohmans farbenfroh geschriebenem Büchlein „Tyrol und die Tiroler".

„Eine Gämse ist etwas größer als ein Reh und wiegt ausgewachsen zwischen 40 und 70 Pfund. Ihre Farbe ist im Sommer ein dunkles Gelbbraun, ändert sich im Herbst jedoch zu einem viel dunkleren Farbton, während sie im Winter fast schwarz ist. Das Haar auf der Stirn und das, das über die Hufe hängt, bleibt das ganze Jahr über gelbbraun, während das Haar entlang der Wirbelsäule im Winter dunkelbraun und von erstaunlicher Länge ist. Es liefert den hochgeschätzten ‚ Gamsbart ‘, wörtlich ‚Bart der Gämse‘, mit dessen Büscheln die Jäger gerne ihre Hüte schmücken. Der Körperbau des Tieres zeigt in seiner Konstruktion eine wunderbare Mischung aus Kraft und Beweglichkeit. Die Kraft seiner Muskeln wird durch die außergewöhnliche Leichtigkeit, den Körper auszubalancieren und sozusagen sofort den Schwerpunkt zu finden, übertroffen . “

Die meisten Alpenregionen haben ihre berühmten Gämsenjäger, aber der berühmteste von allen war laut Tschudi Jean-Marie Colani aus Pontresina . Es wird gesagt, dass er auf den Hügeln in der Nähe seines Hauses ungefähr 200 halbzähmbare Gämsen hielt. Jedes Jahr erschoss er etwa sechzig männliche Tiere und rechnete damit, dass jede Saison ungefähr ebenso viele Junge geboren wurden. Er duldete keine Fremden in der Gegend, und besonders die Tiroler mussten sehr unter ihm leiden. In Pontresina erzählte man sich, dass er in seinem Chalet ein Zimmer mit ausländischem Jagdzubehör hatte, das er seinen Erlegten abgenommen hatte. Die Zahl seiner Opfer wurde auf dreißig geschätzt. Dies war natürlich eine grobe Übertreibung, und A. Cadonau , ein alter Gämsenschütze aus Bergün , behauptete, Colani habe nur einen einzigen Tiroler Jäger getötet, den er auf Schweizer Boden in der Nähe des Piz Ot gefunden habe ; Er erzählt aber, dass er eines Tages unerwartet auf Colani traf und dieser gezielt auf ihn zielte und die Waffe erst senkte, als er seinen Freund erkannte .

Colani einmal mit einem Schuss drei Gämsen erlegte, und es werden viele Anekdoten über ihn erzählt, von denen die meisten keineswegs zu seinen Gunsten ausfallen. Von seinem zwanzigsten Lebensjahr bis zu seinem Tod erlegte Colani 2600 Gämsen. Diese Zahl wurde von niemandem sonst erreicht . Colanis Tod im Jahr 1837 war auf Überanstrengung zurückzuführen, da er im Rahmen einer Wette ein Stück Land in der gleichen Zeit mähen wollte, wie zwei der besten Tiroler Mäher für dieselbe Menge benötigten.

Graubünden hatte noch andere berühmte Jäger, unter denen man J. Rüdi aus Pontresina und Jacob Spinas aus Tinzen nennen kann . Letzterer begann mit zwölf Jahren zu jagen und erlegte in seiner 22-jährigen Laufbahn 600 Gemsen, außerdem erlegte er jede Saison 40 bis 50 Hasen, etwa 60 Murmeltiere, einige hundert oder mehr Rebhühner, ein Dutzend Füchse oder so und fing an einem einzigen Tag Forellen mit einem Gewicht von 15 bis 20 Pfund.

Die größte Gämsenherde, die Spinas je sah, bestand aus 65 bis 68 Tieren. Spinas behauptete, dass er als Jäger nur von einem anderen Mann im Kanton übertroffen wurde, nämlich von B. Cathomen von Brigels .

Andere bekannte Gämsenjäger, die das Bergell und die benachbarten Täler bewohnen, sind Giacomo Scarlazzi aus Promontogno , der an einem Tag bis zu fünf und in einer Woche bis zu siebzehn Gämsen geschossen hat, und Pietro Soldini aus Stampa. Letzterer hatte bis 1887 1200 bis 1300 Gämsen erlegt, von denen er in einem Herbst 49 erlegte. J. Saratz aus Pontresina war ebenfalls ein berühmter Jäger, und die drei Brüder Sutter aus Bergün dürfen nicht vergessen werden. Zusammen schossen sie 1700 Stück, außerdem hat Mathew Sutter einen Bären, einen Lämmergeier und oft an einem Tag acht bis zehn Schneehühner erlegt. Er hat nur drei Luchse gesehen, aber nie einen geschossen.

Der Oktober 1852 war ein verhängnisvoller Monat für Gämsenjäger; drei von ihnen, darunter der berühmte Führer Hans Lauener , kamen in diesem Monat ums Leben. An dem Sprichwort, dass mehr Gämsenjäger bei der Ausübung ihres Lieblingssports ums Leben kommen als eines natürlichen Todes, ist leider viel Wahres dran. Manchmal schläft der Jäger vor Erschöpfung an einer kalten, ungeschützten Stelle ein und wacht nie wieder auf. Manchmal wird er von herabfallenden Steinen tödlich verwundet oder bei einem Gewitter vom Blitz getroffen. Oft werden sie von Lawinen getötet, und wenn sie auf schwierigem Gelände weit weg von zu Hause in dichten Nebel geraten, wird ihre Lage äußerst gefährlich. Sie können stundenlang umherirren, ohne das Tal zu erreichen; sie können einen im Nebel verborgenen Abgrund hinabrutschen; sie können völliger Erschöpfung erliegen. Der Rückgang der Gämsenpopulation in den letzten fünfzehn oder zwanzig Jahren macht ihre Aufgabe ebenfalls viel schwieriger, und es kann sein, dass sie tagelang keiner nahe kommen oder vielleicht sogar keine sehen.

Eine hübsche Anekdote über eine Gämse erzählt Dr. John Forbes in seinem Werk „A Physician's Holiday". Er sagt, dass im Jahr 1843 der Besitzer einer großen Ziegenherde auf der Großen Scheideck eine Gämse durch Training fast von Geburt an so zahm gemacht hatte, dass sie sich in der Herde mit ihren zivilisierteren Artgenossen vermischte und mit ihnen vollkommen fügsam und scheinbar zufrieden in die Berge und wieder zurück ging. Wie die meisten ihrer Gefährten war sie mit einer Glocke geschmückt, die um ihren Hals hing. Nachdem sie drei Saisons lang diesem zahmen Leben gefolgt war, vergaß sie auf einmal die Lektionen, die sie gelernt hatte, und verlor für immer ihren Charakter als Mitglied der zivilisierten Gesellschaft. Eines schönen Tages, als sie höher in den Bergen war, als es für die Herde üblich war, hörte sie plötzlich das Blöken ihrer Artgenossen auf den Klippen darüber, spitzte die Ohren, rannte los und verschwand schnell zwischen den Felsen, woher die magischen Geräusche gekommen waren. Von dieser

Stunde an wurde die zahme Gämse nie wieder an den Hängen der Scheideck gesehen , doch die Jäger hörten ihr Läuten oft in der wilden Einsamkeit des Wetterhorns.

Erst wenn die Gämse durch Krankheit jenen Grad an Intelligenz verloren hat, mit dem sie von der Natur begabt ist, verlässt sie ihre Bergheimat und sucht die Schlupfwinkel der Menschen auf. Johann Scheuchzer aus Zürich erzählt uns, dass im Jahre 1699 , nur vier Jahre vor dem Datum seiner Reise, plötzlich eine Gämse in das Tal von Engelberg in Unterwalden hinabstieg und sich nicht nur unter die Pferde und Kühe mischte, sondern auch durch Steine nicht von ihnen vertrieben werden konnte. Sie wurde schließlich erschossen, und als einer der Väter des benachbarten Klosters ihren Körper nach seinem Tod untersuchte, fand man einen Beutel mit wässrigem Serum und Sandpartikeln, der auf das Gehirn drückte. Vor etwa zehn Jahren tauchte eine Gämse in den Straßen von Bonneville (Haute-Savoie) auf und ging seelenruhig durch die offene Tür eines Restaurants, wo sie gefangen wurde. Die Jäger von Chamonix sagen, dass es ein bestimmtes Kraut gibt, das die Gämsen, wenn sie es fressen, verrückt macht, und dass sie deshalb ins Tal hinabwandern.

Am 1. September 1887 wurde eine Gämse von einem Engländer gesehen, der auf der Landstraße bei Frauenkirch in der Nähe von Davos- Platz unterwegs war . Auch der Kutscher sah sie, und die Entfernung von der Straße zum rechten Ufer des Landwassers , wo sie zuerst wahrgenommen wurde, war so kurz, dass man das Tier hervorragend sehen konnte. Es schwamm mit großer Kraft über den Fluss und verschwand im Wald dahinter. Vielleicht war es aus Angst ins Tal getrieben worden, da am 1. September die Gämsenjagd beginnt.

Gämsen gehen ohne Unterlass ins Wasser und es gibt mehrere Belege dafür, dass sie ihren Verfolgern durch Schwimmen entkommen konnten.

Viele Jäger betrachten ein bestimmtes Tier in ihrem Revier als Haustier und verzichten darauf, es selbst zu schießen oder schießen zu lassen. Diese bevorzugten Tiere sind manchmal so zahm, dass sie sich in der Nähe der Alpen aufhalten , wo die Jäger leben, und ihnen erlauben, sich ihnen bis auf wenige Meter zu nähern.

Wie viele andere Tiere lieben Gämsen Salz, und in bestimmten Gegenden, wo die Steine salzig schmecken , kommen die Tiere in Scharen, um sie zu lecken. Die Jäger streuen manchmal Salz, um die Gämsen zu nähren, sehen jedoch davon ab, sie zu erschießen, wenn sie kommen, um es zu fressen, da sie sie dadurch aus diesem Teil des Landes vertreiben könnten.

Es gibt verschiedene Methoden, Gämsen zu jagen. Manchmal werden sie getrieben, wie in den großen Reservaten des Herzogs von Coburg am Achensee , in dem des Erzherzogs Victor bei Kufstein und in anderen in Tirol und Deutschland (es erübrigt sich zu erwähnen, dass es in der Schweiz keine privaten Reservate gibt), oder auf sportlichere Weise, wenn drei oder vier Jäger die Gämsen im Morgengrauen von ihren Weiden heruntertreiben, später die Hänge hinaufsteigen und sie, oft das Bellen eines Hundes nachahmend, wieder in Richtung ihres Rückzugsortes treiben. Dabei liegen mehrere Jäger versteckt, und sobald die Tiere in Schussweite sind, schießen sie. Es ist natürlich oft schwierig, die Gämsen in die richtige Richtung zu treiben, aber die Kenntnis ihrer Reviere durch die Jäger ist oft in ihrer Genauigkeit höchst erstaunlich.

Die üblichste Art, Gämsen zu jagen, ist die Pirsch, und ich glaube, es besteht kein Zweifel an der unendlichen Überlegenheit dieser Jagd. Ich möchte hier mit den Worten eines Jägers hinzufügen, dass „das massenhafte Abschlachten eines Tieres, das die Natur selbst in die erhabensten Winkel ihrer Schöpfung gesetzt und mit so edlen Eigenschaften und wunderbarer Organisation ausgestattet hat , ein Vorgang ist, den ein echter Jäger nicht dulden sollte.“

Allein in Graubünden soll es bis zu 2000 Gämsen geben. Die älteste jemals geschossene Gämse soll 40 Jahre alt gewesen sein. Sie wurde 1857 im Engadin erlegt, ihr Alter ist aber vermutlich stark übertrieben. Die schwerste Gämse wog 125 Schweizer Pfund und wurde auf dem Tschingel (Berner Oberland) geschossen . Ich kann keine Aufzeichnungen über eine schwerere Gämse finden.

Auf Grundlage von Messungen am Monte Rosa wurde geschätzt, dass eine Gämse Gletscherspalten von 4,8 bis 4,6 Metern Breite überspringen kann, in die Tiefe hingegen nur rund 7,3 Meter.

Jährlich werden in Graubünden über 500 Gämsen erlegt und im Dezember werden entsprechend viele Felle am Andreasmarkt in Chur feilgeboten.

Es wurde oft darüber spekuliert, ob die Gämse in diesem Land jemals aussterben wird. Ich halte das für unwahrscheinlich. Sie wird in den geschlossenen Gebieten sorgfältig geschützt, und da die wilden Täler der Alpen immer mehr erschlossen werden, wird die Wilderei schwieriger und die Tiere folglich unbehelligter. Je mehr die Siedlungen in den höheren Tälern zunehmen, desto wilder werden die Gämsen wahrscheinlich und desto schwieriger wird es daher, sie zu schießen; ich glaube also nicht, dass wir das Aussterben dieser Rasse befürchten müssen.

KAPITEL VIII.
ÜBER GLETSCHER.

Das *Alpine Journal* vom November 1868 schließt mit diesen Worten: „Wenn jemand glaubt, die Alpenkunde sei dem öffentlichen Bewusstsein bereits zu sehr eingebläut worden, so verweisen wir auf einen kürzlich erschienenen lächerlichen Brief, den der Herausgeber der *Times* zu veröffentlichen für angemessen hielt. Der Autor schrieb darin, dass eine ‚Rauchwolke', die über dem Berg erschien, ‚den Aufschrei auslöste, der Pélérins -Gletscher sei gebrochen und habe dabei einen Teil der Moräne mitgerissen, die ihn in seinen Grenzen hielt!'"

Wenn damals jemand der Bergsteigerwelt erzählt hätte, dass der gewöhnliche Reisende im Jahr 1891 fast so wenig über das Verhalten von Gletschern wüsste wie der oben erwähnte Korrespondent der *Times* , hätte man diesen Propheten vermutlich mit Spott aufgenommen. Ich weiß jedoch, dass dies der Fall ist; erst letztes Jahr, als ich mit einer Gruppe von Freunden den Piz Languard bestieg , wurde ich gefragt, ob die Mittelmoräne des Morteratschgletschers eine Fahrstraße oder nur ein Reitweg sei! Dies ist meine Entschuldigung dafür, dass ich mich ausführlich mit einem Thema befasse, über das die Professoren Tyndall, Forbes, Heim, Forel und andere bereits so kompetent und ausführlich geschrieben haben .

Lassen Sie mich Ihnen nun etwas über diese großen Eismassen erzählen, die unter dem Namen Gletscher ihre kalten Formen weit unter die Region des ewigen Schnees schieben und in einigen Fällen, wie zum Beispiel der Glacier des Bossons in Chamonix, ihre gefrorenen Wellen sogar zwischen die Wiesen und Wälder in der Talmulde drücken.

Ich werde ständig von Leuten gefragt, die nur mit dem unteren Ende der Gletscher vertraut sind, wie es sein kann, dass sie an ihrem unteren Ende ständig und schnell schmelzen und sich ihr allgemeines Erscheinungsbild dennoch von Jahr zu Jahr nur geringfügig ändert. Die offensichtliche Antwort ist, dass sie ständig von oben aufgefüllt werden und dass Gletschereis früher Schnee war, der über einen beträchtlichen Zeitraum hinweg enormem Druck ausgesetzt war. Das gängige Bild eines Schneeballs, der in der Hand zusammengedrückt wird, bis er hart und eisig wird, erklärt diesen Übergang von Schnee zu Eis auf eine für alle leicht verständliche Weise, und wenn wir bedenken, dass die warme Hand zusätzlich zum Druck auch dazu neigt, das obige Ergebnis hervorzurufen, haben wir eine Parallele zur Hitze der Sonne, die auf den kalten, trockenen Schnee der oberen Regionen einwirkt. Nun weiß jeder , dass es auf den Bergen schneit, wenn es in den Tälern regnet, und dass es selbst während der Sommerhitze sehr selten über einer Höhe von 11.000 bis 12.000 Fuß regnet. Infolgedessen ist die

Schneeansammlung auf den höheren Gipfeln sehr groß und der Druck, der durch sein Gewicht ausgeübt wird, enorm.

Als natürliche Folge davon wandert ein Teil der Eiskappen oder Schneebetten nach unten, und wo die obere Schneedecke großflächig ist und die Form der Rinne passend ist, findet man einen großen Gletscher, wie beispielsweise bei Pontresina , wo der gewaltige Morteratschgletscher , gespeist von der Schneedecke des Bernina und des Bellavista , seinen langen Lauf nimmt . Der erste, der sich klar und positiv zu der inzwischen gut bewiesenen Theorie äußerte, dass sich ein Gletscher wie ein Fluss bewegt, war Monseigneur Rendu , ein gebürtiger Savoyer. „Zwischen dem Mer de Glace und einem Fluss besteht eine so vollständige Ähnlichkeit, dass es unmöglich ist, im letzteren einen Umstand zu finden, der im ersteren nicht existiert", schreibt er, und Professor Tyndall legt in bewundernswerter Weise den Grund dar, warum sich ein Gletscher in der Mitte schneller bewegt als an den Rändern. Ich kann es nicht besser tun, als seine eigenen Worte zu zitieren.

„Wenn man einen Korken in der Nähe der Mitte eines Flusses wirft , bewegt er sich schneller, als wenn man ihn in der Nähe des Ufers wirft, denn die Strömung wird durch die Ufer aufgehalten. Als Sie und Ihr Führer zusammen auf den festen Wellen dieses Amazonas aus Eis standen, wurden Sie widerstandslos mitgerissen . Sie sahen die Felsbrocken auf ihren gefrorenen Sockeln thront; das war die Beute von fernen Hügeln, die von weit entfernten Gipfeln abgebaut und wie Holzblöcke auf der Rhone in tiefere Schichten getrieben wurden. Als Sie sich der Mitte näherten , wurden Sie mit immer größer werdender Geschwindigkeit das Tal hinuntergetragen. Sie spürten es nicht – er spürte es nicht – und doch wurden Sie mit einer Geschwindigkeit nach unten getragen, die, wenn sie anhielte, 1000 Fuß pro Jahr betragen würde."

Viele Gletscher verlaufen in Kurven und folgen einem gewundenen Kurs in Richtung Tal, und die konvexe Seite der Kurve muss sich natürlich sehr beeilen, um mit dem Rest Schritt zu halten. Da sich das Eis auf der einen Seite schneller bewegt als auf der anderen, wird die konvexe Seite zerrissen und auseinandergerissen und spaltet sich in jene Risse und Spalten, die als Gletscherspalten bekannt sind. Folglich weist ein Gletscher, der in gerader Richtung und mit sanfter Neigung nach unten fließt, eine vergleichsweise ununterbrochene Oberfläche auf, während ein Gletscher, der in Sprüngen über ein steiles Bett abfällt und um scharfe Kurven stürmt, alle Merkmale eines unpassierbaren Eisfalls aufweist.

Markante Beispiele der erstgenannten Gletscherklasse sind der Aletschgletscher , der obere Teil des Gornergletschers , der Miagegletscher , der Roseggletscher , der Pasterzengletscher usw., und der letzteren der

Biesgletscher , der Brenvagletscher , der Géantgletscher , der Persgletscher und viele andere. Der genaue Punkt, an dem der Schnee der Höhen in Gletschereis übergeht, wurde nie genau bestimmt, aber der Schneefall jeden Winters ist deutlich an einem Band unterschiedlich gefärbten Schnees erkennbar, wo immer oberhalb der Schneegrenze ein Gletscher stark aufgespalten ist.

Hohe, gletscherbedeckte Berge sind mit sogenanntem *Firn bedeckt* . *Firn* ist der fein kristallisierte Schnee der höheren Regionen, der den ganzen Sommer über ungeschmolzen bleibt . Das Gletschereis, das durch den Druck dieses *Firns entsteht* , unterscheidet sich stark von dem Eis, das aus gefrierendem Wasser entsteht. Es besteht aus runden Kristallen, deren Größe von der eines Hühnereis bis zur Größe eines Stecknadelkopfes variiert. Jedem aufmerksamen Menschen ist das Eis aufgefallen, das normalerweise bei Schweizer *Table d'hôtes angeboten wird* , und sein merkwürdiges Verhalten im Vergleich zu gewöhnlichem Eis. Während letzteres gleichmäßig von außen schmilzt, ist ersteres von Luft und Wasser durchzogen, und nach einiger Zeit fällt seine besondere, aus zahlreichen Teilchen bestehende Struktur auf. Diese Kristalle oder Teilchen werden als *Gletscherkörner* oder *Gletschermais bezeichnet* .

Die Weiße eines Gletschers im Vergleich zur Schwärze eines gefrorenen Sees ist eine Eigenschaft, die viele, wie ich weiß, vor ein Rätsel stellt. Sie ist einfach auf die Anwesenheit dieses Gletschergriess zurückzuführen, das dafür sorgt, dass eine große Menge Luft die gesamte Eismasse durchdringt. Die schöne blau geäderte oder bänderförmige Struktur, die Forbes erstmals am Unter - Aar-Gletscher beobachtete, ist auf das Fehlen von Luftblasen zurückzuführen und stellt Druckstellen im Eis dar, wo durch Schmelzen, Spannung und Druck die Luft aus bestimmten Teilen herausgedrückt wurde.

Wir werden nun einige der Besonderheiten bemerken, die auf der Oberfläche eines dieser großen Eisflüsse auffallen. Wenn wir beispielsweise vom Restaurant Morteratsch zum gleichnamigen Gletscher hinaufgehen, müssen wir einen Teil der steinigen und erdigen Masse überqueren, die als Endmoräne bekannt ist. Das Thema Moränen ist ein sehr umfangreiches, so sehr, dass wir ihm wahrscheinlich fast ein ganzes zukünftiges Kapitel widmen werden. Vorerst werden wir lediglich darübergehen und auf das sehr schmutzige Eis gelangen, aus dem die Zunge oder das untere Ende des Morteratschgletschers besteht. Während einer aus der Gruppe die Stufen aushöhlt, über die Sie hinaufsteigen, haben Sie Zeit, die Eiskristalle oder Gletscherkörnchen zu beobachten, von denen wir bereits gesprochen haben.

Bevor Sie weit auf der ebenen Oberfläche des Gletschers gegangen sind, werden Sie mehrere Felsbrocken sehen, die auf Eissockeln ruhen, die in einiger Höhe gestützt sind. Diese werden *Gletschertische genannt* und entstehen durch das Vorhandensein eines Steinblocks, der das Eis darunter vor der Hitze der Sonne schützt und so ein Schmelzen verhindert. Während sich der Gletscher rundherum auflöst und absinkt, ist das Eis unter diesen Felsbrocken daher nur leicht geschmolzen, und allmählich bildet sich unter jedem Findling eine Säule von manchmal bis zu vier Fuß oder mehr Höhe. Die Sonne kann diese Eissockel natürlich auf der Südseite besser erreichen als auf der Nordseite, und so stellen wir fest, dass der Felsbrocken oben nicht gleichmäßig ausbalanciert ist, sondern immer nach unten zur Südseite hin geneigt ist; er ist daher nachweislich einem Bergsteiger eine wertvolle Hilfe, der sich im Nebel oder im Dunkeln ohne Kompass auf einem Gletscher verirrt hat, da er durch Beobachtung der Position eines Gletschertischs leicht feststellen kann, in welche Richtung er geht. Kleine Steine haben eine andere Wirkung, da sie in das Eis einsinken und kleine Löcher hinterlassen. Sie werden wahrscheinlich auch eine Reihe sandbedeckter Hügel bemerken, die etwa vier bis fünf Fuß hoch sind und in einer scharfen Spitze oder Kante enden. Kratzen Sie ein wenig Sand und Erde ab, und Sie werden feststellen, dass der Hügel aus Eis besteht, das dort, wo Sie es freigelegt haben, ganz schwarz aussieht. Der Grund für die Existenz dieser Erdkegel ist offensichtlich: Der Sand hat das Eis geschützt, das somit nicht geschmolzen ist, und da es in der Mitte dick aufgehäuft ist und zu den Seiten hin dünner wird, hat es seine scharfe Form angenommen.

Während wir unsere Wanderung den Gletscher hinauf fortsetzen, hören wir das Tosen fallenden Wassers, das allmählich immer lauter wird, je näher wir kommen, und bald erreichen wir eine Stelle, wo ein heller, tanzender Strom durch einen Schacht im Eis herabstürzt und außer Sichtweite verschwindet. Nähern Sie sich diesem tiefen Loch (oder *Moulin , wie es genannt wird*) nicht, denn ein falscher Schritt Ihrerseits würde Sie weit hinabstürzen und Sie könnten nicht mehr helfen. Verschiedene Personen haben versucht , die Dicke eines Gletschers an einer bestimmten Stelle zu messen, indem sie in einer Moulin Sondierungen vornahmen . Agassiz fand in einer Tiefe von 260 Metern auf dem Unteraargletscher keinen Boden ; er schätzte die Dicke des Eises in der Nähe des Abschwungs auf 1509 Fuß . Am Piz Roseg , wo die Hängegletscher in abrupten Eisklippen enden, wurde eine Dicke von 250 Fuß beobachtet. Sie befinden sich jetzt am Fuß des unteren Eisfalls des Morteratschgletschers . Wir werden heute nicht weiter gehen, und wir haben bereits gelernt, wie die schwankenden Eismassen und düsteren Gletscherspalten entstehen. Wir wissen, dass der Gletscher, auf dem wir stehen, sich langsam nach unten bewegt (durch sein Gewicht und durch Gleiten in seinem Bett, was besonders durch seine körnige Struktur erleichtert wird), und zwar ungefähr mit der gleichen Geschwindigkeit wie der *Stundenzeiger* einer gewöhnlichen Uhr. Es wurde geschätzt – ich glaube von Mr. Tuckett –, dass ein Schneekorn 450 Jahre brauchen würde, um vom Gipfel der Jungfrau bis zum Ende des Aletschgletschers zu gelangen . Ein äußerst schmerzliches Beispiel für die Bewegungsgeschwindigkeit von Gletschern lieferte der Absturz der Leichen von Dr. Hamels drei Führern im Eis des Glacier des Bossons , die 1820 am Mont Blanc ihr Leben verloren, als sie von einer Lawine die *Ancien Passage* hinuntergerissen und in den *Bergschrund* an dessen Fuß geschwemmt wurden. Am 15. August 1861 bemerkte Ambrose Simond , ein Führer aus Chamonix, der eine Touristengruppe zum unteren Ende des Bossons- Gletschers begleitete, in einer der Gletscherspalten abgerissene Kleidungsstücke und einige menschliche Knochen. Er bürstete den Sand ab, mit dem sie bedeckt waren, und brachte sie nach Chamonix. Als fünf Männer hörten, was er gefunden hatte, brachen sie sofort auf und entdeckten weitere Überreste in einer Entfernung von etwa zwölf oder fünfzehn Metern weiter unten. Von diesem Tag an gab der Gletscher weiterhin die Überreste dessen frei, was er vor 41 Jahren verschluckt hatte, und was gefunden wurde, waren ohne Zweifel die Leichen und Habseligkeiten von Dr. Hamels Führern. Alles, was sie bei sich getragen hatten, die wissenschaftlichen Instrumente, Rucksäcke, Handschuhe usw., wurde nach und nach von ihren eisigen Fesseln befreit. Ein Gazeschleier kam unzerrissen und kaum verblichen hervor und der Rucksack von Pierre Carrier enthielt eine deutlich erkennbare Hammelkeule . Bemerkenswerter als alles andere war der Zustand eines Korkens, der nicht nur immer noch vom Wein befleckt war, sondern auch einen wahrnehmbaren Geruch nach dem Inhalt der Flasche aufwies, in der er befestigt war. („Le Mont Blanc" von Charles Durier .)

Doch nun ist es Zeit abzusteigen. Im nächsten Kapitel werde ich einige Beobachtungen zu *Moränen* und der Kraft eines Gletschers machen, jeden Gegenstand, auf den er trifft, wegzuschleifen oder wegzuräumen. Tatsächlich ist diese Kraft jedoch viel geringer als gemeinhin angenommen.

KAPITEL IX.
ÜBER MORÄNEN.

Um die Entstehung von Moränen besser zu verstehen, muss ich zunächst etwas mehr über die Bewegung der Gletscher und die von ihnen mitgerissenen *Schuttmassen sagen.*

Ich habe manchmal gedankenlose Leute sagen hören, dass der Schneefall jeden Winters dazu führen muss, dass die Höhe der Schneegipfel zunimmt. Diese Beobachtung zeigt, dass solche Leute die vier Hauptfaktoren, die für die Aufrechterhaltung einer gleichmäßigen Höhe der Berggipfel verantwortlich sind, völlig übersehen, nämlich Schmelzen, Verdunstung (die in der trockenen Luft der Höhen ein sehr wichtiger Faktor für das Verschwinden des Schnees ist), Gletscher und Lawinen. Auf die beiden letzteren müssen wir bei der Bildung der Moränen zurückgreifen, bei deren Arbeit sie sehr stark von zwei anderen Faktoren unterstützt werden, nämlich Frost und Regen. Der Gletscher, der in seiner kindlichen Reinheit von einem weißen, unbefleckten Gipfel ausgeht, verliert nach vielen Jahren seinen makellosen Charakter. Der Winterfrost, der die Ströme, die die Berghänge hinabrieseln, zu eisernen Fesseln zusammenfasst, das Wasser beim Gefrieren ausdehnt und die Felsen mit einer Kraft zertrümmert, der selbst die solidesten Klippen nicht widerstehen können. Mit jedem Regen werden zerbrochene und verwitterte Fragmente von den Hängen gespült und fallen auf den einst unbefleckten Schoß des Gletschers. Dadurch wird die Last, die mit fortschreitendem Alter auf ihn gelegt wird, noch größer. Frühling für Frühling stürzen wütende Lawinen herab, beladen mit Erde und Steinen, die sie rücksichtslos auf die jetzt schmutzigen Ränder des eisigen Stroms schleudern. Auch Wind und Stürme tragen ihren Teil an Staub und Sand bei, und während der Gletscher weiterfließt, geschrumpft und beladen mit Erd- und Felshaufen, legt er sich schließlich als Masse aus schmutzigem Eis und Steinen in dem Tal zur Ruhe, dem er unaufhörlich entgegengewandert ist.

Der Gletscher der Alpen, der am weitesten in die tieferen Regionen vordringt, ist der Grindelwaldgletscher , der 1870 bis auf 1080 m über dem Meeresspiegel reichte, während der Aargletscher die größte Fläche aufweist und der Aletschgletscher der längste ist . Heim gibt in seinem wertvollen Werk über Gletscher eine Schätzung der Anzahl der in Europa vorhandenen Gletscher ab und unterteilt sie in solche erster und zweiter Ordnung.

Die Liste lautet wie folgt:—

1. Bestellung. 2. Ordnung. Gesamt.

Schweiz	138	333	471
Österreich	71	391	462
Frankreich	25	119	144
Italien	15	63	78
	——	——	——
	249	906	1.155

Gletscher haben regelmäßige Perioden, in denen sie vorrücken oder sich zurückziehen. Viele Personen, die das Mer de Glace vor etwa zwanzig oder mehr Jahren besucht haben, erinnern sich, dass es damals fast bis auf die Höhe des Tals von Chamonix abfiel, während der Rhonegletscher fast bis zu der Stelle reichte , wo heute das untere Hotel steht. Auch in alten Zeiten vereinigten sich die beiden Arme des Feegletschers unterhalb der Gletscheralp , so dass die Kühe das Eis überqueren mussten, um ihre Sommerweiden zu erreichen. Einer Vormarschperiode geht immer einige Jahre lang eine merkliche Schwellung der oberen Gletscherteile voraus; das ist natürlich ganz das, was man erwarten würde. Eine Abfolge kalter, regnerischer Sommer und außergewöhnlich schneereicher Winter führt schließlich zu einer Zunahme der Gletscher, und umgekehrt hat dies natürlich den gegenteiligen Effekt.

Sie haben erfahren, dass eine Moräne ein Gemisch aus Erde und Steinen ist, das von einem Gletscher heruntergetragen wird, und Sie wissen, wie sich all dieser *Schutt* auf dem Eis angesammelt hat, hauptsächlich durch die zerschmetternde Kraft des Frosts auf den Felsen. Betrachten wir nun die Lage, die Moränen auf einem Gletscher wie beispielsweise dem Morteratsch einnehmen . Wie ich bereits sagte, fragen sich Personen, die mit der Bergwelt nicht vertraut sind und daher die relative Größe von Objekten aus der Ferne nicht einschätzen können, beim Aufstieg auf den Piz Languard , ob der dunkle Streifen in der Mitte des Morteratschgletschers ein Pfad sei. Sie sind erstaunt, als sie erfahren, dass er etwa fünfzig Fuß oder mehr breit und in der Mitte vielleicht zwanzig Fuß hoch ist . Tatsächlich ist sie weder mehr noch weniger als eine Moräne und gehört zu der Klasse der Mittelmoränen. Jeder Gletscher hat auf beiden Seiten eine Moräne, und wenn sich zwei Gletscher vereinigen, verbinden ihre Seitenmoränen eine Mittelmoräne. Die Moräne am Ende eines Gletschers (Endmoräne) besteht fast ausschließlich aus Erde und Steinen, die vom Ende des Gletschers abfallen, und nicht, wie früher angenommen, durch Schieben oder Aushöhlen der Gletscherbasis.

Tatsächlich ist die Erosionskraft eines Gletschers im Vergleich zu der von Wasser verschwindend gering. Dr. Heim führt verschiedene Beispiele an, um zu zeigen, dass ein Gletscher vieles von dem, was ihm in den Weg kommt, unberührt lässt. Er sagt, dass der Forno- Gletscher, der sich vor einigen Jahren stark zurückzog und mit *Schutt bedeckte Blöcke von sich selbst* zurückließ, 1884 erneut schnell über die alten Ansammlungen an seiner Basis vorrückte , diese aber in keiner Weise störte. Viele unserer Leser werden die vielen von Gletschern abgeschliffenen Felsen im Engadin bemerkt haben ; sie sind besonders häufig in der Nähe von Maloja .

Bei näherer Betrachtung wird man erkennen, dass diese Felsen durch das Eis, das ständig über sie gleitet, sanft poliert wurden und dass sie nicht jene tiefen, glatten Mulden aufweisen, die durch strömendes, wirbelndes Wasser entstehen.

Die großen Gletscher, die während der Gletscherperiode vom Mont Blanc zum Jura flossen, haben in Form der riesigen Granitblöcke, die vom Eis mitgerissen wurden und nun sechzig Meilen und mehr von den Felsen entfernt an den Berghängen liegen, aus denen sie abgebaut wurden, reichlich Beweise ihres Ursprungs hinterlassen. Die Größe einiger dieser Findlinge ist sehr bemerkenswert. Der größte Findling der Alpen befindet sich im Val Masino (einem der italienischen Täler in der Nähe der Berninaregion). Seine Abmessungen betragen nach dem verstorbenen Mr. Ball: Länge 250 Fuß, Breite 120 Fuß, Höhe 140 Fuß; tatsächlich ist er, wie Mr. Douglas Freshfield bemerkt, „so hoch wie ein durchschnittlicher Kirchturm und groß genug, um so manchen Londoner Platz auszufüllen". Viele meiner Leser werden sich an den großen Serpentinenfelsen vor dem kleinen Gasthof in Maltmark erinnern , der ohne Zweifel von dem Gletscher heruntergebracht wurde, der ursprünglich das Becken des Sees gefüllt haben muss. Auch die alten Moränen bei Aosta sind bemerkenswerte Zeugnisse der Eiszeit.

Ein Wort noch zur Form einer Moräne. Sie erhebt sich, wie Sie wissen, in der Mitte zu einem Grat und fällt an den Seiten wie ein Hausdach ab. Das liegt daran, dass das Aufhäufen von Erde und Steinen in der Mitte das Eis davor bewahrt hat, dort so schnell zu schmelzen wie an den Seiten; tatsächlich ist die Form der Moränen aus demselben Grund wie die von Sandkegeln.

Ich werde dieses Kapitel mit einer kurzen Erklärung einer Erscheinung abschließen, die vielen meiner Leser, die Montanvert besucht haben , besonders an bewölkten, trüben Tagen und nach Sonnenuntergang aufgefallen sein dürfte. Ich meine die *Schmutzbänder*, die besonders auf dem Mer de Glace auffallen. Ich habe sie unter besonders günstigen Umständen vom Gipfel des Grandes Jorasses , wenn sie bei bewölktem Himmel am deutlichsten zu sehen sind. Man sieht sie jedoch oft vom Hotel Montanvert aus und sie nehmen die Form dunkler Bänder an, die sich quer über den Gletscher ziehen, wobei die konvexe Seite der Krümmung jedes Bandes in Bewegungsrichtung des Eises zeigt. Diese Erdbänder haben einen ganz einfachen Ursprung: Am Fuße eines Eisfalls vereinigen sich die wankenden Blöcke und gefrieren zusammen, wodurch eine einigermaßen glatte Oberfläche mit sanften Wellen entsteht. Die Gletscherströme schwemmen Staub und kleine *Schuttstücke* in die Vertiefungen, die sich nach und nach quer über den Gletscher bilden. Dieser Staub gefriert schließlich zu Eis und weiter unten entstehen die berühmten Erdbänder.

Manchmal sind auf Fotos Schmutzbänder sehr deutlich zu erkennen; auf einer Aufnahme des Mer de Glace von den Aiguilles Rouge aus, die der verstorbene Herr WF Donkin gemacht hat, sind sie sehr klar zu erkennen.

KAPITEL X.
ÜBER LAWINEN.

Wer im Sommer 1888 die Schweiz besuchte, hatte ungewöhnliche Gelegenheiten, sowohl das Auftreten als auch die Wirkung von Lawinen zu studieren. Es ist in der Tat selten, im Hochsommer eine riesige Masse Winterschnee im Rosegthal liegen zu sehen, und die Überreste zahlreicher anderer Lawinen waren in diesem Jahr in vielen hochgelegenen Alpentälern noch ungeschmolzen . Ich frage mich, ob die Menschenmengen, die aus Neugier die *Schneereste besichtigten* , etwas über die verschiedenen Ursachen wussten, die die Lawine bildeten und sie den Berghang hinunterschleuderten, oder ob sie sagen konnten, zu welcher Lawinenklasse sie gehörte und zu welcher Jahreszeit sie wahrscheinlich gefallen ist.

Lawinen haben sehr unterschiedliche Merkmale und können je nach ihren Besonderheiten in drei Kategorien eingeteilt werden. Es gibt folgende verschiedene Arten von Lawinen: *Staublawinen* , *Grundlawinen* und *Eislawinen* . Staublawinen sind von allen am meisten zu fürchtenden Lawinen, denn während die anderen Lawinen nach bestimmten bekannten Regeln und zu bestimmten Jahreszeiten niedergehen, sind Staublawinen in ihrer Bewegung unregelmäßig, ihr Zeitpunkt ist ungewiss und ihre Folgen sind am schrecklichsten. Staublawinen bestehen aus kaltem, trockenem Pulverschnee, der auf einen Hang aus Eis oder hartem Schnee oder selbst auf einen steilen Grashang fällt und beim geringsten Anlass abrutscht.

Wenn oft etwas überhängender Schnee auf den oberen Teil eines Hügels fällt, ein Tier die frisch gefallene Masse aufwirbelt oder ein Windstoß sie plötzlich von der Oberfläche löst, auf der sie liegt, beginnt die ganze Ansammlung abzurutschen, zuerst sanft und leise, dann mit immer größerer Kraft und ohrenbetäubendem Getöse. Sie entwurzelt Bäume, reißt Chalets und alles, was sich ihr in den Weg stellt, mit sich und springt wie ein riesiger Strom gischtbedeckten Wassers von einer Klippe zur nächsten, bis sie einen letzten Sprung über das Tal macht und von der Wucht ihres Laufs oft noch ein Stück weit den gegenüberliegenden Hang hinaufgetragen wird. Der Wind, der eine solche Lawine begleitet, ist weitaus stärker als ein wütender Hurrikan und reißt oft Bäume und Gebäude dem Erdboden gleich, reißt Fenster und Türen ein und trägt schwere Gegenstände über unglaubliche Entfernungen. Einer der bemerkenswertesten Fälle, die mir im Zusammenhang mit Staublawinen bekannt sind, ereignete sich im Engadin , als der Wind, der einer gewaltigen Schneemasse vorausging, die den Berg hinabraste, fünf Telegrafenmasten umriss, obwohl der Schnee ihnen nicht näher als 150 Meter nahe kam.

„Ständige Leser" der *St. Moritz Post* werden sich an einen Bericht über die Lawinen des Winters 1887/88 erinnern, der in der ersten Nummer der Sommerausgabe erschien. Darin hieß es, als zwei große Lawinen in Saas-Grund niedergingen, seien die meisten Fenster und Türen des Dorfes durch den Luftdruck eingedrungen. Da ich mich mit dem Thema Staublawinen und den Auswirkungen der sie begleitenden starken Winde befasse, möchte ich erwähnen, dass Tschudi in seiner „Monde des Alpes " berichtet, dass solche Lawinen Chalets und Bäume vom Boden wegreißen und sie, wie Strohhalme im Sturm wirbelnd, durch die Luft tragen und sie bis zu 400 Fuß weit fallen lassen. Es heißt, dass mit Heu gefüllte und völlig unbeschädigte Chalets etwa 200 Meter und mehr vom Ende der Lawinentrümmer entfernt gefunden wurden , nachdem der Wind sie quer durch das Tal geweht hatte.

Im Jahre 1689 stürzte eine gewaltige Lawine, die in den Annalen Graubündens als die schrecklichste des Kantons bezeichnet wird, von den Höhen über dem Dorf Saas im Prättigau herab und zerstörte 150 Häuser. Unter den *Trümmern* , die die Lawine weit weggeschwemmt hatte, entdeckte ein Rettungstrupp ein Baby, das wohlbehalten in seiner Wiege lag, und in einem Korb in der Nähe wurden sechs unversehrte Eier gefunden.

Eine andere Art von Lawine, die grob unter die obige Überschrift eingeordnet werden kann, entsteht durch den plötzlichen Absturz einer überhängenden Schneemasse. Die geringste Bewegung in der Luft genügt oft, um die Schneewechte zu brechen, und sie rollt sofort den Hang hinunter. Solche Lawinen sind normalerweise nicht besonders zu befürchten, obwohl es eine bemerkenswerte Ausnahme von dieser Tatsache auf dem Bernhardinopass gab , als die fallende Schneemasse, die den Pfahl überholte, dreizehn Personen und eine Anzahl Schlitten über den Abgrund in die darunterliegende Schlucht riss.

Im Sommer stoßen Bergsteiger auf den höheren Gipfeln der Alpen sehr häufig auf Staublawinen, wenn sie Neuschnee abbekommen. Eine Lawine dieser Art war die Ursache für das Matterhorn-Unglück von 1887, und der Bericht, den Herr A. Lorria über das Ereignis gegeben hat, ist so realistisch und vermittelt dem Auge so genau, was die Natur einer solchen Lawine ist, dass ich zum Nutzen meiner Leser Folgendes aus der *St. Moritz Post* vom 28. Januar 1888 zitiere:

„Sanft rutschte von oben eine Schneelawine auf uns herab; sie riss Lammer trotz seiner Bemühungen mit sich und schleuderte mich mit dem Kopf gegen einen Felsen. Lammer war vom Pulverschnee geblendet und glaubte, seine letzte Stunde sei gekommen. Das Donnern der tosenden Lawine war furchterregend; wir wurden über Felsen geschleudert, die in der Lawinenspur freigelegt waren, und sprangen über zwei riesige *Bergschrunds* . Bei jeder Neigungsänderung flogen wir in die Luft, wurden dann wieder in den Schnee geworfen und oft gegeneinander geschleudert. Lange Zeit schien es Lammer , als sei alles vorbei, zahllose Gedanken rasten durch sein Gehirn, bis die Lawine schließlich ihre Kraft verpufft hatte und wir auf dem Tiefenmattengletscher liegen blieben . Die Höhe unseres Sturzes wurde vom Ingenieur Imfeldt auf 550 bis 800 Fuß geschätzt."

Im Winter, wenn es an steilen Berghängen schneit, kann man Dutzende solcher Lawinen wie glänzende Fäden die Klippen hinabgleiten sehen. Die Eigerwand ist im Frühjahr von Grindelwald aus gesehen oft von winzigen Schneekaskaden gesäumt, während die Felsen des Wetterhorns [4] am ersten sonnigen Märzmorgen nach einem Schneefall fast unaufhörlich Lawinen herabschicken.

Die riesigen Lawinen, die Sommergäste nach einem strengen Winter in den hohen Alpentälern sehen, bedeckt mit Staub und Steinen und mit dicken Baumstämmen und Ästen, die darin festgefroren sind, gehören zur Klasse der *Grundlawinen* oder kompakten Lawinen. Sie fallen normalerweise jedes Jahr in derselben Spur und kommen, je nach Wärme oder Härte der Jahreszeit, im Februar und März herunter. In einem Jahr sah ich noch am 3. Mai eine sehr große Lawine in den Zügen bei Davos- Platz herunterfallen.

Damit sich eine wirklich große kompakte Lawine bilden kann, ist mehr als der steile Hang erforderlich, der die Geburtsstätte von Staublawinen ist. Die gefährlichste Formation eines Berghangs im Hinblick auf kompakte Lawinen ist die folgende. Erstens muss sich hoch oben auf dem Berg ein Sammelbecken oder Tal befinden, das etwas abfällt und in dem sich eine große Menge Schnee ansammeln kann. Zweitens muss von diesem Becken ein baumloser, nicht zu steiler Hang ausgehen, auf dem Schnee liegen bleibt, sofern er nicht durch eine erhebliche Störung von oben nach unten gedrückt wird. In einigen Jahreszeiten, wenn nur wenig Schnee fällt, wird unter den beschriebenen Bedingungen keine Lawine auftreten. In anderen, wenn Sturm um Sturm Tonnen von Schnee in das Hochtal aufgehäuft hat, wird der warme, trockene *Föhnwind* die Masse von der Erde lösen, auf der sie liegt, und plötzlich wird der gesamte Wintervorrat in Richtung Tal rauschen und eine Lawine bilden, wie sie Besucher des Engadins im Sommer 1888 im Rosegthal und Beversthal sahen .

Diese kompakten Lawinen bestehen am Ende ihres Laufs aus Steinen, Erde, Wurzeln und Ästen, die alle durch den schweren, nassen Schnee, von dem sie umhüllt sind, zusammengefroren sind. Es wird die Geschichte eines Mannes erzählt, der auf dem Splügen von einer solchen Lawine erfasst wurde. Er entkam zwar dem Tod, aber ein Teil seines Mantels war so fest in der Eismasse festgefroren, dass er ihn nicht loswerden konnte. Es ist sehr bemerkenswert, dass eine Person, die in großer Tiefe in einer Lawine dieser

Art verschüttet ist, jedes Wort derer, die versuchen, sie zu finden, deutlich hören kann, obwohl es ihnen unmöglich ist, ihre Schreie zu hören.

Der Schnee einer Lawine hat die gleiche Kraft wie das Eis eines Gletschers, wenn es darum geht, die darin eingeschlossenen tierischen Stoffe zu konservieren. Einmal wurden in einer Lawine in Tirol die Körper einer Gämse und ihres Jungen in einem für die Nahrung geeigneten Zustand gefunden, als die Lawine zwei Jahre nach ihrem Abgang schmolz. Ihre enorme Größe hatte verhindert, dass sie im ersten Sommer verschwanden.

Diese riesigen *Grundlawinen* fallen, wie ich bereits sagte, Saison für Saison in derselben Spur; es ist daher vernünftig anzunehmen, dass die Bewohner von Gebieten, die solchen Lawinen besonders ausgesetzt sind, versuchen würden, ihre schneebedeckten Eindringlinge mit allen ihnen zur Verfügung stehenden Mitteln unter Kontrolle zu halten; und tatsächlich tun sie dies bis zu einem gewissen Grad, obwohl bis vor kurzem im Land die offensichtlichsten Vorsichtsmaßnahmen vernachlässigt wurden. Selbst heute noch ist man oft erstaunt über die Menge an unnötigem Schaden, den die Schweizer Jahr für Jahr ruhig durch eine Lawine anrichten, bis ihnen plötzlich bewusst wird, dass eine oder zwei Mauern quer über dem *Couloir (oder der Lawinenspur) den entscheidenden Unterschied ausmachen können, ob sie eine bestimmte sonnige Wiese im Tal bebauen können oder nicht, die bisher* regelmäßig jeden Frühling reichlich mit Steinen und anderem *Schutt* übersät war .

Es ist allgemein bekannt, dass ein dicht bewaldeter Hang der bei weitem beste Schutz gegen Lawinen ist. Die Schweizer Behörden sind sich dessen voll bewusst und haben in den letzten Jahren sehr viele Neuanpflanzungen durchgeführt. Sie haben strenge Vorschriften für das Fällen von Bäumen erlassen. Durch große Sorgfalt und Sorgfalt bei der Pflege der Wälder könnte die Schweiz weitgehend von Lawinenschäden verschont bleiben.

An vielen Orten werden Reisende Lawinenbrecher in Form dreieckiger Steinmauern bemerken, die zum Schutz ganzer Dörfer oder einzelner Häuser oder Kirchen errichtet wurden. Einen Lawinenbrecher dieser Art gibt es in Frauenkirch bei Davos- Platz . Die Nordwand der Kirche ist so gebaut, dass die der vollen Wucht einer Lawine ausgesetzte Oberfläche, sollte sie darauf niedergehen, spitz zuläuft und den Schnee sofort teilt und abweist, wenn die Spitze mit der Lawine in Berührung kommt. Ähnliche Brecher sind an mehreren Häusern in derselben und anderen Gegenden angebracht . Zäune oder Steinmauern an steilen Hängen oder in Abständen in den Boden getriebene Pfähle sind ebenfalls sehr wirksame Hindernisse für Lawinen. Besucher in St. Moritz haben Vorrichtungen dieser Art zweifellos an dem Hang bemerkt, der von der Alp Laret zur Cresta abfällt. Fußweg ; sie sind für jeden gut sichtbar, der auf der Hauptstraße in der Nähe des Gasthofs „Bär" steht (berühmt für die malerischen Karikatur-Freskenporträts des verstorbenen Lord Beaconsfield und Mr. Gladstone an der Außenseite).

Es ist erstaunlich zu sehen, wie schwach ein Hindernis die größte Lawine aufhält, bevor der Schnee in Bewegung gesetzt wird, und doch reißt die große Masse, sobald sie sich auf ihre zerstörerische Laufbahn begibt, alles mit sich.

Die kugelige Struktur einer kompakten Lawine, die jedem aufgefallen sein wird, der sie innerhalb weniger Wochen nach ihrem Fall besucht hat, entsteht dadurch, dass der feuchte Schnee immer weiter rollte, bis die kreisrunde Form seiner Partikel entstand. Ich erinnere mich an eine enorme Lawine dieser Art, die Ende März 1886 in der Nähe von Bouveret (Waadt) niederging. Sie kam vom Gramont , raste etwa 4000 Fuß den Berg hinab, quer über Eisenbahnlinien und Straße und endete im See. Glücklicherweise kam sie nachts herunter - was merkwürdig erscheint, bis man sich daran erinnert, dass der Hang, von dem sie herunterkam, nach Norden zeigte -, so dass es zu keinem Unfall kam. Am folgenden Nachmittag strömte ganz Montreux über den See, um die hohen Mauern des Einschnitts zu bestaunen, der für die Durchfahrt der Züge gegraben worden war, und um sich gegenseitig mit den Schneebällen zu bewerfen, die im Frühling zwischen den Veilchen und Primeln hin und her gerollt waren.

Grundlawinen erreichen oft eine Masse von 100.000 Kubikmetern (Heim, „ *Gletscherkunde* "). Die große „ *Raschitsch* "-Lawine bei Zernez (Unterengadin) , die am 23. April 1876 über die Hauptstrasse in den Fluss fiel, war 168 Meter breit, 12 Meter dick und 300 Meter lang, hatte ein Volumen von 600.000 Kubikmetern und der Tunnel, der für die Weiterleitung des Verkehrs gegraben wurde, war 75 Meter lang. Diese Lawine wurde in ihren Ausmaßen bei weitem von der Lawine übertroffen, die im Februar 1888 bei Glarus-Davos fiel und deren Schneetunnel über 300 Fuß lang und über 12 Fuß hoch war. Diese Lawine ist in der ganzen Schweiz bekannt und wird als „ *Schwabentobellawine* " bezeichnet. Sie geht nur in Jahreszeiten mit sehr viel Schnee nieder, aber wenn sie herunterkommt, hat sie enorme Ausmaße.

Im Jahre 1888 riss sie einen Straßenarbeiter mit sich, dessen Leiche erst rund drei Monate später am rechten Ufer des Landwassers entdeckt wurde . Offenbar war sie vom Wind vor der Lawine über den Fluss geweht worden.

Lawinen haben manchmal verheerende Überschwemmungen verursacht, indem sie ins Flussbett fielen und das Wasser stauten. Am 29. Januar 1827 wurde Süs von einem ähnlichen Ereignis heimgesucht, wobei der Gasthof in der Nacht mehrere Stunden lang vollständig verstopft war und das Dorf infolgedessen überschwemmt wurde. Es wäre ermüdend, mehr als diese wenigen Beispiele für die Auswirkungen von *Grundlawinen zu geben* , deshalb wollen wir uns nun dem Thema Eislawinen zuwenden. Diese dürften den meisten Leuten, die in der Schweiz gereist sind, ein ziemlich vertrauter

Anblick sein, wenn man nach den Menschenmassen urteilt, die den ganzen Sommer über Tag für Tag vor den kleinen Gasthäusern der Wengernalp oder der Kleinen sitzen. Scheideck , die ihre Aufmerksamkeit zwischen ihrem Mittagessen und dem donnernden Fall des Eises von den Gletschern der Jungfrau aufteilen.

Eislawinen unterscheiden sich deutlich von den anderen Arten, da sie immer von Gletschern ausgehen.

Wie meine Leser zweifellos wissen, bewegt sich ein Gletscher Tag für Tag nach unten, manchmal ein oder zwei Zoll, manchmal bis zu zwei Fuß. Nun, viele Gletscher finden sich plötzlich auf der Spitze eines Abgrunds wieder, nachdem sie die Schneebetten verlassen haben, von denen sie gespeist werden. Unter diesen Umständen können sie, da sie nicht stillstehen können, nur eines tun, nämlich hinabzusteigen; und da Eis zwar plastisch ist, aber keineswegs so plastisch wie Sirup – mit dem Gletschereis so oft verglichen wurde –, ist es offensichtlich, dass eine Scheibe von der vorrückenden Zunge des Gletschers abbricht und donnernd die Felsen hinunterstürzt, um Material für einen weiteren Gletscher darunter zu bilden oder, wenn die Menge nicht ausreicht, allmählich wegzuschmelzen. Nun, diese Form einer Eislawine ist dem Bergsteiger in unzähligen Varianten bekannt, aber das häufigste Ereignis dieser Art, das er vielleicht erlebt, ist der Sturz von *Séracs* (oder Eisspitzen) während seiner Reise durch einen Eisfall.

Wer den oberen Teil des Morteratschgletschers besucht hat , wird sich an Eisfälle wie die von mir erwähnten erinnern; der eine ist der des Persgletschers , der andere das sogenannte Labyrinth, das vom Piz Bernina herabkommt; und man sieht oft schöne Eislawinen von der Eiskappe des Piz Morteratsch herabfallen . Auch die *Séracs, die beim Passieren des Col du* Géant von Chamonix oder Courmayeur aus durchquert werden, neigen dazu, zu ungünstigen Zeiten zu stürzen, und viele andere Gletscher zeichnen sich durch diese besonderen Merkmale aus.

Der vielleicht beste Ort in der Schweiz, um Eislawinen zu beobachten, ist die Wengernalp . Von hier aus kann man täglich beobachten, wie die Gletscher, die an der Jungfrau haften, Tonnen von Eis die zerfurchten Hänge hinabstürzen. Über der Stelle, wo ein großes Stück Eis durch den Fall zu Pulver zermahlen wurde, hängt mehrere Minuten lang eine weiße Wolke.

Sogar der sprichwörtlich sichere Mont Blanc schafft es gelegentlich, dass ein oder zwei der Eissäulen, die den Dôme du Goûter säumen , umkippen und direkt über das darunterliegende Petit Plateau stürzen, über genau die Spur, auf der die Gruppen aufsteigen. Es ist seltsam, dass dieser Beschuss bisher noch nie einen Unfall am Mont Blanc verursacht hat. Wenn man jedoch bedenkt, wie viele Hunderte von Steinen jedes Jahr das Matterhorn hinuntergeschleudert werden, ohne Rücksicht auf die Zahl der Menschen, auf deren Köpfe sie herabfallen, und dass auch dort aus diesem Grund noch kein tödlicher Unfall stattgefunden hat, kann man sicher sein, dass eine besondere Vorsehung über die unerfahrene Klasse von *Unerschrockenen wacht, die den Mont Blanc bevölkern und in Scharen den* Matterhorn hinaufstürmen . [5]

Eislawinen haben gelegentlich enorme Schäden angerichtet, wenn große Eislawinen in bewohnte Täler abstürzten, wie zum Beispiel, als ein Teil des Bies- Gletschers abstürzte und der Wind, der ihm vorausging, Randa umwarf . Dieser Umstand ist so bekannt und wird in Reiseführern so oft erwähnt , dass ich hier nicht näher darauf eingehen werde. Ausführliche Informationen finden Sie in Dr. Forbes' Werk „A Physician's Holiday".

FUßNOTEN:

[4] Im Oktober 1891 hatte ich das Glück, ein Foto von einer Lawine zu machen, die gerade vom Wetterhorn herabstürzte. Dieses Foto kann heute bei Messrs. Spooner's, 379 Strand, besichtigt werden.

[5] Seit dem Verfassen des obigen Textes ereignete sich auf dem Petit Plateau ein Unfall, bei dem ein Reisender und ein Führer ums Leben kamen.

KAPITEL XI.
DIE BERNINA-SCHARTE.

Der allgemeine Leser mag die folgende Beschreibung vielleicht etwas trocken finden; der Bergsteiger mag seine Meinung teilen. Nachdem ich beide gewarnt habe und versprochen habe, meinen Bericht so kurz wie möglich zu halten, werde ich nun damit beginnen.

Der Piz Bernina ist der höchste Berg Graubündens, eines Kantons, in dem das Bergsteigen eher vernachlässigt wird. Es ist schade, dass nicht mehr Mitglieder des AC dorthin gehen, insbesondere jetzt, da es mehrere gute Führer gibt; aber ich schweife bereits ab, also *revenons au Piz Bernina* . Dieser Gipfel wird häufig über die normale Route bestiegen, aber bis letzten Sommer selten über eine der anderen Angriffsrouten. Jetzt ist jedoch die Zeit gekommen, in der die Route über die „ Scharte " am beliebtesten ist.

Die Erstbesteigung des Piz Bernina über die „ Scharte " erfolgte im Jahr 1879 durch Dr. Güssfeldt . Er hielt die Route für so schwierig, dass er eine Flasche in der Lücke zurückließ, mit einer Notiz darin, dass er jeden herausfordere, sie herunterzubringen. Doch am 6. August 1883 wiederholten Dr. Schultz, Alexander Burgener und C. Perren die Expedition und brachten Dr. Güssfeldts Flasche mit zurück. Dazu sagt das *Alpine Journal* : „Wir bedauern mitteilen zu müssen, dass diese äußerst gefährliche Expedition im August 1884 ein viertes Mal durchgeführt wurde (von den Herren Zsigmondy und Purtscheller ohne Führer, die unterwegs zwei Nächte schliefen) und dass es Gespräche über den Bau einer Hütte gibt, um den Aufstieg zu erleichtern, doch wir vertrauen darauf, dass dieser Plan nie ausgeführt wird." Aufgrund dieses Rufs ist die Route über die „ Scharte " allmählich verfallen – oder aufgestiegen, wie ich es lieber nenne – zu dem geworden, was sie heute ist. Im Jahr 1889 schrieb Herr WE Davidson: „Die Scharte ist leicht, der *Grat* ein schöner Aufstieg." Und jetzt erfahren wir, dass die Exkursion zwölf Mal allein unter Martin Schochers Führung unternommen wurde. Da die Route nun ihren Schrecken verloren hat, könnte ein Bericht über einen Aufstieg jenen Teil unserer Landsleute interessieren, der vorhat, in unsere Fußstapfen zu treten. Ich hatte oft daran gedacht, die Expedition zu unternehmen, hatte aber keine konkreten Schritte unternommen, um sie durchzuführen, bis ich eines Tages hörte, dass eine Gruppe gerade von der Abfahrt vom Piz Bernina auf dieser Route zurückgekehrt war. „Jetzt", dachte ich, „ist meine Chance da. Die Schritte sind gemacht, der Berg ist bekanntlich in gutem Zustand, warum nicht sofort losfahren?" Aber die Elemente waren gegen mich. Kaum hatten wir die Misaun -Alp erreicht, als ein schreckliches Gewitter über uns hereinbrach und ein weiteres Vorrücken unmöglich war. Wir konnten unseren Versuch auch nicht erneuern, denn es fiel schwerer Schnee und das Klettern war für diese Saison zu Ende. Doch im folgenden Jahr ging ich erneut zum Angriff über, und obwohl mir das Wetter beinahe erneut einen Strich durch die Rechnung gemacht hätte, gelang es uns, unsere Pläne erfolgreich umzusetzen.

Diesmal bezogen wir unser Nachtquartier unter einem Felsblock, etwa anderthalb Stunden weiter als das Restaurant Roseg . Wir brachen bei herrlichem Wetter auf, doch gegen Abend zogen Wolken auf, und als der Himmel allmählich immer dunkler wurde, sank unsere Stimmung immer tiefer, bis um Mitternacht, als die Führer das Feuer wieder anzündeten, ein bedrohliches Tropfen auf den Brettern, die wir als Schutz vor dem Wind gegen den Felsblock gelehnt hatten, ein Gefühl der Verzweiflung über uns hereinbrechen ließ. Weibel erlaubte sich ein paar eindringliche Bemerkungen über die Elemente, während Schocher und ich Tee kochten und düster die Situation besprachen. Natürlich kam die Bernina über die Scharte bei schlechtem Wetter für vorsichtige Leute wie uns nicht in Frage; dennoch wollten wir nicht dorthin zurückkehren, woher wir gekommen waren. Wir hatten uns fast vorgenommen, „ im schlimmsten Fall" unsere Glieder zu vertreten, indem wir den Piz Morteratsch zur Boval- Hütte überquerten, als mir eine brillante Idee kam. „ Schocher ", sagte ich, „lass uns auf den Piz Prievlusa steigen !" Nun muss ich hier anmerken, dass die Route zu diesem Gipfel (der bisher nur einmal bestiegen wurde) über eine beträchtliche Strecke dieselbe ist wie die zum Prievlusa- Sattel, und zum Prievlusa- Sattel mussten wir über die Bernina- Scharte gehen . Schocher sprang auf meinen Vorschlag an, und kaum war unser Plan beschlossen, hörte der Regen auf. Der Himmel war jedoch immer noch von Wolken verdunkelt, obwohl ab und zu ein Stern aus einem zerfetzten Loch im Nebel hervorschien.

Wir sammelten unser Gepäck ein, legten die Decken und den Kochtopf auf einen Haufen, damit der Gepäckträger sie später am Tag abholen konnte, und um 1.15 Uhr machten wir uns auf den Weg. Ich muss sagen, dass meine Hoffnungen, den Bernina zu besteigen, auf einem Tiefpunkt angelangt waren. Das einzige Gefühl, das ich mit diesem Anlass verbinde, ist das einer schläfrigen Sturheit – eigentlich das Gefühl, als würde ich wie in einem Traum gehen und wüsste nicht wohin.

Als wir uns dem Berg näherten und die Dämmerung rasch heranbrach, sahen wir Wolkenbanner wild von dem scharfen und gezackten Gipfel treiben. Weibel zeigte auf sie und rief, dass wir bei einem solchen Wind niemals den Grat entlangkommen könnten; aber Schocher , der die vorbeiziehenden Wolken sorgfältig untersuchte, erklärte sie für unwichtig, da sie nach unten und nicht über den Grat wehten. Ich war sehr erstaunt über die Geschicklichkeit, mit der er zu dieser Schlussfolgerung kam, die sich später als vollkommen zutreffend herausstellte.

Bei Tagesanbruch hatten wir eine große blaue Fläche über unseren Köpfen, und obwohl Schäfchenwolken an den meisten der benachbarten Gipfel hingen, blieb der Bernina immer klar, abgesehen von gelegentlichen Nebelschwaden, die von den oberen Felsen heraufströmten. Um 5.30 Uhr erreichten wir den Pass zwischen Piz Prievlusa und Pizzo Bianco, bekannt als Fuorcla Prievlusa . Auf dem Weg zur Morteratsch- Seite saßen wir in den willkommenen Sonnenstrahlen auf einem Felsvorsprung auf der Spitze einer großen Wand, über deren Flanke der Pass von der Boval- Seite aus erreicht wird. Hier frühstückten wir und setzten dann unseren Weg in Richtung Piz Bernina fort. Das erste Stück des Grates, bis wir die Felsen erreichten, war die unangenehmste Arbeit, die wir während des gesamten Aufstiegs erlebten. Der Schnee hier war in schlechtem Zustand, der Schritt von dort zu den Felsen war unangenehm steil und lang, und ich für meinen Teil war froh, meinen Fuß auf eine festere Oberfläche zu setzen und von dem guten Halt zu profitieren, der vorhanden war. Der Felsgrat *ermöglicht* ein angenehmes Klettern, aber von dem Punkt, an dem er aufhört, bis zum Gipfel des Pizzo Bianco ist es ein langer, mühsamer Weg über Schnee. Jeder Schritt musste geschnitten werden, und Schocher hackte fast ohne Unterlass, bis wir den Pizzo Bianco erreichten, von wo aus der wirklich interessante Teil des Aufstiegs beginnt. Etwa eine Stunde zuvor hatten wir eine andere Gruppe gesehen, die schnell die Schneehänge unterhalb der Fuorcla hinaufstieg . Sie bestand aus den Herren Scriven und West, begleitet von Peter Dangl aus Sulden und einem einheimischen Führer namens Joos Grass. Letzteren hatte ich seltsamerweise bei einer früheren Besteigung des Bernina auf der normalen Route kennengelernt; sowohl bei dieser Gelegenheit als auch bei der Besteigung, von der ich jetzt schreibe, machte er einen positiven Eindruck auf mich . Diese Gruppe hatte die Nacht im Gasthof im Rosegthal verbracht, den sie erst um 3 Uhr morgens verließen.

Nach fast einer Stunde Aufenthalt auf dem Pizzo Bianco kamen wir wieder unter Kontrolle , und als wir losfuhren, schlossen sich uns die anderen an und machten an der Stelle, an der wir aufhörten, eine Pause, um etwas zu essen. So hatte ich das Vergnügen, einen schmalen Felsgrat zu überqueren, während vier kritische Augenpaare meine unbeholfenen Bewegungen aus einer erstklassigen Perspektive beobachteten. Gern hätte ich mich mit den Händen festgeklammert; mein Stolz zwang mich, aufrecht zu gehen, wann immer eine solche Fortbewegungsart überhaupt möglich war. Ich hatte die leise Überzeugung, dass es kaum einen Ort gab, an dem dies nicht nur möglich, sondern auch einigermaßen einfach war, und dass das Pflichtgefühl eine gute Disziplin war, die mich zwang, nach einer besseren „Form" als sonst zu streben.

Der Abstieg in die Scharte (oder Spalte im *Grat*) erwies sich als recht einfach, da wir wussten, dass Schocher , bis ich unten ankam , den Grat über uns ritt und „ *ganz fest* " war. Er folgte mir mühelos und schnell, und indem er die Gruppe in die andere Richtung drehte, begann er, Stufen um den großen Felsturm zu schlagen, der hier den Grat versperrt. Die *Rinne* war durch und durch vereist, und wir brauchten viel Zeit, bis wir sie am Fuße des letzten Gipfels des Bernina hinter uns gelassen hatten. Wir kletterten ohne Schwierigkeiten hinauf, obwohl der Neuschnee, der die Felsen bedeckte, uns etwas verzögerte, und erreichten den Gipfel um 10.30 Uhr, die andere Gruppe folgte uns dicht auf den Fersen.

Das Wetter, das besser mitgespielt hatte, als wir zu hoffen gewagt hatten, gab nun die Pfade der Tugend auf, und dichter Nebel mit leicht fallendem Schnee verbarg alles in mehr als ein paar Metern Entfernung vor unserer Sicht. Wir hatten jedoch unser Ziel erreicht, und die Wolken konnten nun ihr Schlimmstes tun, ohne unsere Rückkehr zu gefährden. Nach einer halbstündigen Rast machten wir uns also in fröhlicher Stimmung auf den Weg nach Boval . Wie wir den *Grat* hinunterkletterten , über die Schneefelder glitten und durch das Labyrinth rasten, muss nicht erzählt werden. Wir erreichten Boval am frühen Nachmittag bei stetigem und strömendem Regen und überraschten die Leute im Restaurant, indem wir aus den Wolken vom Piz Bernina auf sie herabfielen. So endete unser Tagesausflug.

KAPITEL XII.
LOB DES HERBSTES.

Ich gehöre zu den exzentrischen Menschen, die den Herbst zum Klettern besser finden als den Sommer. „So einer", habe ich gesagt? Vielleicht triff es eher zu, dass ich oft der einzige Vertreter der Kletterer-Gemeinde war, die zu dieser Jahreszeit freiwillig die Bergzentren heimsucht . Sie meinen, ich habe einen Grund für meine Vorliebe für diese Jahreszeit? Ja, tatsächlich habe ich mehrere. Erstens bin ich ein Feigling. Wenn ich auf einem Gipfel in ein Gewitter geriete und meine Axt ziz *-ziz-ziz machte* , während mir die Haare zu Berge standen, würde ich Krämpfe bekommen. Nun, im Herbst gibt es selten Gewitter. Und dann habe ich eine Abneigung gegen Touristen. Im Herbst gibt es wenige Touristen. Und außerdem hasse ich es, dreizehn oder vierzehn Stunden lang gebraten zu werden und durch tiefen Schnee zu waten. Im Herbst sind die Tage kurz, die Luft ist frisch und der Schnee ist normalerweise in bestem Zustand. Noch einmal: Ich schlafe nicht gern in Hütten, die für acht Personen gebaut sind und vielleicht vierundzwanzig Personen Schutz bieten müssen – es ist kaum mehr. Im Herbst hat man die Hütten für sich allein.

Habe ich da nicht ein ziemlich überzeugendes Argument vorgebracht? Wundert es Sie, dass ich im September und Oktober durch die Walliser Alpen und das Oberland gestreift bin und nicht im Juli und August?

Um zu beweisen, dass man im Herbst genauso gut klettern kann wie im Sommer, will ich einen kurzen Bericht über einige Touren geben, die ich in den vergangenen Jahren zu dieser Jahreszeit unternommen habe. Leider wird das keine spannende Lektüre sein, wie die meisten Dinge, die „zu einem bestimmten Zweck geschrieben wurden". Viele Bergsteiger sind sich der Wahrheit meiner Forderung voll bewusst, aber zahlreiche Anfänger in der Bergsteigerei verlieren den Mut, wenn Ende August oder Anfang September heftig schneit, packen ihre Sachen und verlassen angewidert die Alpen. Außer den unten beschriebenen Expeditionen bin ich auf die Dent Blanche, das Zinal-Rothhorn , das Ober- Gabelhorn , das Trifthorn vom Triftjoch aus , den Mont Collon , das Rimpfischhorn , den Eiger , das Wetterhorn und andere Gipfel gestiegen und (das ist der springende Punkt) ich habe die meisten davon zu dieser Jahreszeit in erstklassigem Zustand vorgefunden.

Eines Abends im September war ich mit Ulrich Kaufmann und „Caucasus" Jossi die einzigen Bewohner dieser sehr gemütlichen Hütte, der Schwarzegg . Diese Hütte ist seit einiger Zeit in Jossis Obhut, und daher herrscht hier höchste Ordnung. Wir waren eine fröhliche Gesellschaft. Der Himmel war wolkenlos, der Mond würde bei unserem Aufbruch voll sein, die großen, festen Felsen des Schreckhorns , rot im Licht des Sonnenuntergangs, hingen einladend über uns. Wir hatten eine Woche zuvor auf demselben Gipfel geschlafen, aber schlechtes Wetter hatte uns ins Tal getrieben, ohne dass wir einen Schritt über die Hütte hinausgegangen wären. Jetzt war alles anders, und wir hatten keine Zweifel am Erfolg unserer bevorstehenden Exkursion.

Um 2 Uhr morgens , im Mondlicht, so klar wie das Licht der Sonne, brachen wir auf. Das Schreckhorn , so scheint es mir, hat nicht das Lob bekommen, das ihm gebührt. Dabei hat es viel für sich. Es gibt keine Moräne. Ein bequemer Pfad führt in etwa 10 Minuten zum Schnee. Dann bringt ein stetiger Aufstieg, unterbrochen von Felsen, den Reisenden gegen Frühstückszeit zum Fuß des oberen Gletschers. In einiger Entfernung unterhalb dieser Stelle, im Schneecouloir , wurde Herr Munz von herabfallendem Eis getötet. [6] Ich konnte diesen Unfall überhaupt nicht verstehen, denn auf unserem Weg bestand von dieser Seite her keine Gefahr. [7] Aber die Führer erklärten, dass in dieser Saison und schon einige Jahre zuvor die Spitze des *Couloirs* von einem kleinen Hängegletscher aufgefüllt worden war. Peter Baumann, ein kluger alter Mann, hatte immer dazu gedrängt, diesen Gletscher abzutragen, was ein Kinderspiel gewesen wäre. Aber man ließ die Sache schleifen, bis eines schönen Tages die ganze Eismasse abbrach und den Hang hinunterstürzte. Der Tod von Herrn Munz , der von herabfallenden Splittern getroffen wurde, war die Folge.

Die oberen *Couloirs* , die den Berg durchziehen, waren vereist, aber meine Führer hielten sich mit ihrem üblichen Urteilsvermögen so weit wie möglich von ihnen fern, und wir stiegen über einen Felsgrat auf. Zweimal überquerten wir das *Couloir* , aber zu dieser frühen Stunde bestand keine Gefahr, und Kaufmann machte große Schritte wie Miniatursessel, sodass wir auf dem Rückweg sehr schnell hinüberkamen.

Grat eine beträchtliche Menge Schnee lag . Dies erschwerte unseren Fortschritt ziemlich, so dass wir uns erst um 9.15 Uhr auf dem Gipfel befanden, einer Kuppel aus Schnee. Die Aussicht war herrlich; aber an jenem Tag vor einer Woche, als ich mich bei ebenso schönem Wetter auf dem Gipfel des Lauteraarhorns befand , musste ich gestehen, dass die Aussicht von diesem Gipfel unendlich viel schöner ist. Erstens ist das Schreckhorn , aus so großer Nähe und von einem Gipfel aus gesehen, der weniger als 150 Fuß niedriger ist, ein großartiges Objekt, und seine edlen Proportionen und kahlen Klippen beeindruckten mich wie wenige, wenn überhaupt, Berge zuvor, während ich fast zitterte, als ich daran dachte, dass wir uns erst sieben Tage zuvor auf seine steilen Hänge gewagt hatten, so trügerisch und vollständig ist der Eindruck, den man von seiner übermäßigen Steilheit vermittelt bekommt. Dann ist das Lauteraarhorn viel besser platziert als der anmutigste aller Oberlandgipfel , das Finsteraarhorn – das „dunkle Taubenhorn"! und von dort aus sind auch die wunderschönen Kurven des Aargletschers, der sich Richtung Grimsel windet, perfekt zu sehen. Aber hier bin ich und beschreibe die Aussicht vom Lauteraarhorn , während ich mich die ganze Zeit auf dem Schreckhorn befinde . Einen Blick geben beide frei – den auf den Thunersee mit dem weißen Turm der Kirche von Spiez , der zwischen Bäumen dicht am blauen Wasserrand liegt, während sich dahinter Kette um Kette violetter Hügel erstreckt, die sich in der Ferne in einem warmen Dunst verlieren, der sich mit den sanften Farbtönen des wolkenlosen Himmels vermischt. Diese Aussichten auf das Oberland können tatsächlich mit dem stets anziehenden Charme der Kontraste aufwarten: auf der einen Seite Eis, Schnee, nackte Felsabhänge, äußerste Strenge und Abwesenheit von Vegetation; auf der anderen blaue Seen, weiße Dörfer, tiefgrüne Wiesen, zahlreiche Zeugnisse menschlichen Lebens und menschlicher Industrie.

Aber ich werde unerträglich langweilig. Lassen Sie mich schnell von den Berggipfeln weg und in weniger romantische Regionen hinabsteigen. Wir kamen sehr angenehm zum Sattel hinunter und von dort mehr oder weniger unbequem zur Hütte, wobei wir hässliche scharfe, lose Steine gegen hüfttiefen Schnee eintauschten, und beides wurde alles andere als schmeichelhaft kommentiert. Um 14 Uhr waren wir sicher im Schwarzegg und diskutierten über eine aufwendige Teestunde, wobei die Führer bei diesem Getränk vor allem darauf hinwiesen, so wenig von der Hauptzutat und so viel Zucker wie möglich hineinzugeben. Nachdem wir mit dem Tee fertig waren und das Abendessen vorbereitet wurde, hielten wir nach unserem Träger Ausschau, der den Auftrag hatte, unseren Vorrat an Proviant für die Besteigung des Finsteraarhorns am nächsten Tag heraufzubringen. Bald bemerkten wir zwei Gestalten, die das Eis überquerten, die sich beim Näherkommen als Herr Theophile Boss und der Träger herausstellten. Ersterer hatte in der Woche zuvor einen Versuch unternommen, das Finsteraarhorn zu besteigen, und war durch schlechtes Wetter zurückgedrängt worden, also hatte ich ihn gebeten, uns bei unserem Aufstieg zu begleiten.

Beim Abendessen überraschte uns Kaufmann mit der ruhigen Bemerkung, wir sollten lieber früh zu Bett gehen, da er vorschlug, uns um 23 Uhr zu rufen . Wir protestierten lautstark, aber er fügte nur in seinem ruhigen Tonfall hinzu: „Oder vielleicht um halb elf." Also krochen wir, immer noch murrend, hastig zu unserem Stroh, und ich für meinen Teil kann dafür bürgen, dass ich nicht viel mehr wusste, bis Jossi anfing, das Feuer anzuzünden, woraufhin ich mich umdrehte und noch einmal schlief. Zweifellos führte unsere Abneigung, unsere Nachtruhe zu verkürzen, dazu, dass die Vorbereitungen für die Abreise länger dauerten als gewöhnlich. Jedenfalls war es 12.40 Uhr, als ich mich in sehr schlechter Laune wiederfand und versuchte, an der Tür der Hütte wach zu bleiben, während die Führer einen letzten Blick auf möglicherweise vergessene Gegenstände warfen.

Wir rechneten damit, viele Stufen zu erklimmen, also kam der Träger mit, damit die Führer weniger tragen mussten. Wie zuvor war es eine wolkenlose, mondhelle Nacht und bisher windstill. Wir kamen rasch zum Finsteraarjoch voran und erreichten den Fuß dieses scheußlichen Ortes, des Agassizjochs , als es noch dunkel war. Hier machten wir eine Pause, um etwas zu essen, und gerade als das graue Licht der Morgendämmerung sich über den Himmel stahl, begannen wir, immer höher und höher zu steigen, bis wir uns wie die armen Teufel fühlten, die die hohen Schornsteine der Fabriken erklimmen. Schließlich gelangten wir zu einem Felsgrat, der sehr steil und mit Eis bedeckt war, ganz zu schweigen von den verschiedenen Verzierungen aus demselben Material in Abständen entlang der Oberfläche. Es war eine herzzerreißende Arbeit. Der Pass war ganz in der Nähe, und doch schienen wir ihm nie näher zu kommen. Aber nach einer gefühlten Ewigkeit stieß Jossi einen Seufzer der Befriedigung aus, verließ die Felsen und begann, den Schnee zu durchqueren. Bald erreichten wir einen warmen und geschützten Ort, wo wir vorschlugen, in den angenehmen Strahlen der Sonne zu Mittag zu essen. Aber nein, es war nicht der übliche Mittagsplatz; die Leute aßen immer auf dem Sattel zu Mittag (fünf Minuten weiter), und deshalb mussten wir auf dem Sattel zu Mittag essen. Theophile wagte es zu protestieren und wurde sofort bedient; also gingen wir zum Sattel. Dort wurde unser Appetit durch verschiedene Dinge beeinträchtigt. Zuerst waren wir beunruhigt über den Anblick des Bergrückens, den wir jetzt zum ersten Mal vollständig sahen und der sich in eine vollständige und anscheinend nicht allzu eng sitzende Schicht aus Eis und Pulverschnee gehüllt hatte. Von Felsen war kaum eine Spur zu sehen. Die Führer mampften sehr schnell, nickten mit dem Kopf, richteten warme Ausdrücke der Missbilligung an den Bergrücken und schienen auf dem Gipfel sehr fröhlich zu sein. Der Wind blies, unsere Zähne klapperten, das Essen gefror fast, und auch wir taten so, als hätten wir eine schrecklich gute Zeit. Aber auch die glücklichsten Augenblicke gehen einmal zu Ende, und so auch unser Mittagessen, nach dem wir uns mit blauer Nase und blauen Händen durch den treibenden Nebel kämpften. Nun, es war nicht so schlimm, wie es aussah. Die Führer ließen sich keine Mühen nehmen und gruben die vergrabenen Steine aus wie Terrier hinter einer Feldmaus her. Wir kamen zwangsläufig nur langsam voran, und es schien, als ob wir nicht viel vorwärtskamen. Endlich erreichten wir den Hugisattel , und die Arbeit wurde leichter. Der Schnee war jetzt fester, wir konnten ohne Schwierigkeiten gute Schritte machen. Schließlich wurde der Hang flacher, und nach wenigen Minuten standen wir neben dem Steinmann auf dem Gipfel. Die Aussicht war schön, denn der Nebel hatte sich gerade verzogen, als wir den Gipfel erreichten. Aber es war schon elf Uhr, also blieben wir nicht lange, sondern begannen nach einem etwa zehnminütigen Aufenthalt auf dem Gipfel mit dem Abstieg. Der Abstieg zum Agassizjoch war lang; wir brauchten fast vier Stunden, einschließlich einer halben Stunde für das Mittagessen, um dorthin zu gelangen. Es war also fast 16 Uhr , als wir diesen bezaubernden Hang bestiegen. So mühsam der Aufstieg auch gewesen war, der Abstieg war viel schlimmer; und es gibt Steine, und wenn Steine absteigen, dann ziemlich schnell. Aber von den Steinen wollen wir nicht reden; keiner von uns hat sich den Kopf gebrochen. Also, wir kamen diesen schönen, lebhaften Hang und die eisigen Felsen hinunter, gelangten in die *Rinne* und kamen diese hinunter; und schließlich – da es spät im Jahr war – dämmerte es. Wir dachten schon, wir müssten irgendwo in der Nähe der ersten *Bergkluft sein* (ich kann mit gutem Gewissen nicht sagen, dass sie mehr als ein paar Zentimeter breit war), als der Träger plötzlich ausrief: „Ich kann die Spur nicht finden!" Wir konnten sie nicht erkennen. Einen Moment zuvor waren die Stufen leicht zu spüren gewesen. Er tastete ein wenig herum, aber immer noch ohne Erfolg; also ging Theophile , der direkt hinter uns war, ein paar Stufen hinunter und streckte die Hand aus, um nach ihnen zu tasten. Sofort zog er sie zurück und sagte mit ziemlich ehrfürchtiger Stimme: „Es hat eine Lawine gegeben." Jossi band sich sofort von hinten los, sprang nach vorne, setzte sich an die Stelle des Trägers und führte uns im Dunkeln auf so großartige Weise davon, dass wir in fünfzehn Minuten oder weniger unten auf dem Plateau des Finsteraarjochs waren . Hier kam die Laterne zum Einsatz, und wir bahnten uns vorsichtig unseren Weg durch den Eisfall des Gletschers. Unsere Spuren vom Morgen waren von größtem Wert, und dank ihnen begegneten uns keinerlei Schwierigkeiten.

Schwarzegghütte erreichten, war es schon spät und wir beschlossen, noch einmal dort zu übernachten. Als wir uns am nächsten Morgen zu unserem Kaffee niederließen, stand die Sonne schon hoch am Himmel.

Hier ist ein weiteres Herbsterlebnis, bei dem wir als nette, aufheiternde Einführung in unseren Klettertag erstickt wurden. „Wurden wir also erstickt? Sind wir erstickt?", fragt der gedankenlose Leser. Nein, wir wurden nicht „erstickt", wie ein Ire sagen würde; wir wurden lediglich zu ungünstigen Tageszeiten in den Schlaf versetzt, nachdem wir in der vorangegangenen Nacht tiefer als gewöhnlich geschlafen hatten.

Aber dieser fragmentarische Stil und das Fehlen aller genauen Informationen deutet auf etwas wie eine gegenwärtige Erstickungsanfälligkeit hin; daher muss ich mir erlauben zu sagen, dass ich, obwohl ich dies von einem Kurort aus datiere, kein „Kopfpatient" bin, wie ich einmal jene Personen klassifiziert hörte, die wegen irgendetwas, das nichts mit der Lunge zu tun hatte, in einem bestimmten Sanatorium waren. Dieser besondere Kurort war ein belebender Ort. Wenn ein Jugendlicher schlechte Manieren hatte, konnte man ihn nicht treten, weil „man einen Kranken nicht treten kann, wissen Sie"; oder die Ausrede war: „Der arme Kerl! Er meint es nicht so; er ist verrückt – *Kopfpatient* , wissen Sie." Mein Eindruck ist, dass dieser Kurort, soweit ich weiß, eine ebenso gute Schule für Selbstbeherrschung bei den von Natur aus

Selbstbeherrschten war wie für geradezu kompromisslosen Egoismus bei denen, die es ohnehin gewohnt waren, sich um Nummer Eins zu kümmern.

Noch bin ich weit von unserem Ausgangspunkt entfernt. Ich werde mich anstrengen, das Lauteraarjoch von Grindelwald aus überqueren , den flachen Gletscher dahinter hinuntergehen und es erreichen – „es" ist die prächtige Behausung, die als Dollfus- Pavillon bekannt ist.

Warum der gute Herr, der diese Hütte gebaut hat, sie drei Meilen vom Wasser entfernt errichtet hat, war das Problem, das uns den Kopf zerbrach, während wir in der Sonne neben den jungen Wäldern lagen, die überall aufwuchsen. Es war ein Glück, dass einige Augen, die schärfer waren als ich, diese Exemplare alpinen Holzes sahen, denn sonst hätten wir unsere müden Glieder auf ihnen ausgestreckt. Später kam heraus, dass an diesen Hängen ein forstwirtschaftlicher Versuch unternommen worden war und die armen kleinen Zweige sorgfältig in der Hoffnung gepflanzt worden waren, dass sie in Zukunft wachsen könnten.

Als der Abend hereinbrach, zogen wir uns in die Hütte zurück und machten ein glühendes Feuer, das uns einige Stunden später in den komatösen Zustand versetzen sollte, den ich oben angedeutet habe. Vielleicht lag der träge Zustand von Geist und Körper, den wir am nächsten Morgen erlebten, auch daran, dass drei der vier Mitglieder der Gruppe jeweils sechs Schüsseln sehr dicke Suppe und zwölf große Kartoffeln verzehrt hatten. Die Suppe durfte natürlich nicht verschwendet werden, obwohl ich persönlich lieber drei Tage davon gelebt hätte, als sie auf einmal hinunterzuschlucken.

Nachdem wir mit einiger Mühe aufgewacht waren und die oben erwähnte Suppe verzehrt hatten, stolperten wir aus der Hütte, stolperten alle zusammen zum Gletscher hinunter und begannen, taumelnd und wie im Traum daran entlang zu wandern, unterbrochen von einem bösen Erwachen, wenn von Zeit zu Zeit der eine oder andere in eine Gletscherspalte trat, sich die Augen rieb, wieder herauskam und seinen Weg fortsetzte. Unsere Ur-Ur-Ur-Ur-usw.- Großväter waren weise Leute, als sie in ihrer Generation Gletscher mieden. Überlegen Sie, welche erlesenen Worte dem modernen Bergsteiger auf der Zunge liegen, nachdem er drei Stunden den Aargletscher hinauf oder hinunter (wenn es ein Auf oder Ab gibt) gewandert ist und dann feststellt, dass er nicht weiter ist. Stellen Sie sich für einen Augenblick vor, was für ein Gletscher gewesen sein muss, wenn er bis zur aufgeschütteten Moräne über das Haslithal bei Meiringen kam . Wenn Sie das nächste Mal den Aargletscher entlanggehen (ich bin sicher, beim letzten Mal haben Sie geschworen, das nie wieder zu tun, aber Sie werden es bestimmt tun), denken Sie daran, wie er in alten Zeiten war, selbst als er nur bis zum Grimsel reichte, und seien Sie dankbar, dass Sie im 19. Jahrhundert geklettert sind.

Als wir schließlich zu glauben begannen, dass der Strahleggpass tatsächlich näher war als noch vor einigen Stunden, hielten wir an und versuchten, uns gegenseitig aufzurütteln. Ein warmer Wind wehte uns ins Gesicht, unsere Glieder waren wie Blei, unsere Gedanken in einem Zustand ruhiger Schwachsinnigkeit. Aber als wir nach einiger Mühe ein wenig kaltes Wasser aus dem Gletscher gruben, war die Wirkung magisch, und ermutigt durch das Gefühl, dass unsere Sinne zurückkehrten, beschlossen wir sofort, unter einem großen Eisturm zu frühstücken, der von einem Gletscher heruntergerollt war, der sich am Hang darüber festklammerte.

Wir waren nun allen Notfällen gewachsen und bereit, mit der größten und vielfältigsten Ansammlung von losen Steinen fertig zu werden, die ich je in meinem Leben gesehen habe. Der Sattel (auf den wir gleich hinter dem Abhang stießen, der auf Seite 5, Band II der zweiten Serie „Gipfel, Pässe und Gletscher" erwähnt wird – zumindest könnte ich mir vorstellen, dass es sich um diese Lücke handelt, die dort beschrieben wird) und der schöne *Grat* dahinter waren eine willkommene Abwechslung von dem „schockierenden Zustand der Baufälligkeit" der Wand. Der gesamte Grat bietet ein so gutes Klettern, wie es sich ein Kletterbegeisterter nur wünschen kann. Nirgendwo übermäßig schwierig, ist es immer sensationell und die Felsen sind groß und fest. Meistens ist die Gruppe direkt auf dem Grat und kann direkt zum Lauteraargletscher auf der einen Seite oder zum Strahlegg auf der anderen Seite hinunterblicken. Das Lauteraarhorn wird selten bestiegen; wahrscheinlich, weil es so schwer ist, dorthin zu gelangen. Die Leute scheinen auch zu denken, dass sie, wenn sie schon auf dem Schreckhorn waren , alles Interessante in dieser Richtung gesehen haben. Mit dieser Vorstellung liegen sie meiner Meinung nach völlig falsch. Ich habe bereits auf die Aussicht vom Schreckhorn und Finsteraarhorn sowie vom Thunersee vom Lauteraarhorn hingewiesen und finde, dass diese Aussicht viel schöner ist als alles, was man vom Wetterhorn, der Jungfrau oder einem anderen mir bekannten Oberlandgipfel sieht .

Nachdem wir eine Stunde auf dem Gipfel verbracht hatten, begannen wir widerstrebend mit dem Abstieg und erreichten um 16 Uhr die Strahlegg , während wir um 17.30 Uhr, als die Gipfel rundherum in den rosigen Farben des Sonnenuntergangs zu leuchten begannen, den Zasenberg fast hinter uns gelassen hatten . Von hier aus betritt man das Schutzgebiet des Interlakener „Ausflüglers", daher möchte ich hier abrupt schließen.

Im nächsten Kapitel werde ich Ihnen von meinen letzten Erlebnissen zu meiner Lieblingsjahreszeit berichten und Ihnen von zwei alten Freunden erzählen – die leider keine neuen Gesichter haben .

FUßNOTEN:

[6] Mir ist bekannt, dass im *Alpine Journal* (Vol. XIII, S. 113) steht, Herr Munz sei durch herabfallenden Schnee und nicht durch Eis getötet worden, das von den Felsen fiel. Ich habe mit den Brüdern Boss und auch mit mehreren Führern über das Thema gesprochen, und sie alle bestätigten, dass es Eis von dem kleinen Hängegletscher war. Welche Erklärung für das Unglück richtig ist, kann ich natürlich nicht sagen. Einer der Führer, Meyer, erlag am Tag nach dem Unfall seinen Verletzungen.

[7] Im September 1891 wurde Ulrich Kaufmann an derselben Stelle von einem herabfallenden Eisblock am Knie getroffen und umgeworfen.

KAPITEL XIII.
DAS „MÄDCHEN" UND DER „MÖNCH".

EINE ERINNERUNG.

„Über dem Boden weißer Schnee und in der Luft

Schweigen. Die Sterne, wie Lampen, die bald erlöschen,

Schimmere zitternd; heiter und himmlisch schön,

Die östlich hängende Mondsichel steigt höher.

Sieh, wie sich Purpur sanft ins Azurblau schleicht,

Und der Morgen, schwach berührt von zitterndem Feuer,

Lehnt sich an die frostigen Gipfel der Hügel."

— WILLIAM CALDWELL ROSCOE.

Zeit: neun Uhr an einem wolkenlosen Abend vor einigen Jahren; Ort: das Bärenhotel in Grindelwald ; Jahreszeit: Mitte September, der bei schönem Wetter angenehmste Monat in den Hochalpen von allen zwölf. Grindelwald liegt in dieser schönen Nacht in wohlverdienter Ruhe. Tausende von Touristen drängen sich nicht mehr in den Salons und Speisesälen der Dörfer, Hotels. Keine Schar anwerbender Führer und Maultiertreiber hält sich im Hof auf; keine Gruppe ehrgeiziger Reisender trifft lautstarke Vorbereitungen für die Ausflüge des nächsten Tages.

Mir ist diese Ruhe sehr angenehm, denn an jenem Abend, als es in dieser Gegend noch keine Eisenbahnen gab, fahre ich das mir so vertraute Tal hinauf, das von den gewaltigen Wänden des Eigers überschattet wird , der sich zwischen Myriaden funkelnder Sterne erhebt. Und als ich vor der Tür des Bären aussteige , gratuliere ich mir zu vielen Dingen.

„Nun, Herr Fritz, suchen Sie mir bitte meinen Führer aus dem Speisesaal. Wie, er ist nicht da? Ist kein Telegramm von ihm da? Das ist ja wirklich schade! Und das Wetter ist herrlich! Da er aber nicht da ist, werde ich sicher nicht auf ihn warten; also besorgen Sie mir ein paar Führer, und morgen gehe ich in die Berge spazieren."

Nach dem Abendessen kommt das „Führerpaar" herein. Hier ist der kräftige alte Peter Baumann, und dort, an der Tür, steht der alte Peter Kaufmann. „Also, was machen wir morgen? Wohin gehen wir?" „Alles ist gut", sagen sie, „wir gehen, wohin Sie wollen." „Also gut, dann lassen Sie die Jungfrau unser Ziel sein. Ich kann um 1 Uhr morgens dorthin aufbrechen , wenn Sie wollen." Sie lächeln mitleidig und bemerken: „Bis zur Berglihütte sind es neun Stunden , also werden wir völlig ausreichen, wenn wir morgen dorthin gehen und am nächsten Tag auf den Berg." Ich glaube ihnen nicht und frage Boss; er sagt, es seien elf Stunden. Damit ist die Frage geklärt, und ich gehe zu Bett. Ich hinterlasse den Führern eine Nachricht, sie sollen Proviant bestellen und mich so spät wie möglich anrufen, damit wir das Bergli vor Einbruch der Dunkelheit erreichen. Ergebnis: Sie lagerten einen Vorrat an Suppen und anderen Greueltaten und weckten mich um 6 Uhr morgens aus dem Schlaf . Um 8 Uhr waren wir schon auf dem Weg zur Bäregg und haben eine andere Jungfrau-Gruppe eingeholt: zwei österreichische Herren mit dem munteren „Engländer" Baumann und dem alten Christian Almer . Sie steigen in gemessenem Tempo nach oben, aber im Restaurant Bäregg treffen wir uns wieder und verbringen eine müßige Stunde, während unsere jeweiligen Führer abgemagerte weiße Holzstücke zu Bündeln von so außergewöhnlicher Sauberkeit zusammenbinden, dass man sie als „Eigentums"-Bruchstücke einer Laientheatergruppe bezeichnen könnte. Dann geht es weiter, wackelige Leitern hinab, über anschwellende Eiswellen und einen schmalen Pfad hinauf, die Sonne brennt uns auf den Rücken, und kein Tropfen Wasser ist zu finden. Schließlich versinken wir alle schmelzend auf einem grasbewachsenen Hügel und bestehen darauf, etwas Trinkbares hervorzuholen. Als Reaktion darauf zwängen sich die Führer in verschiedene Erdspalten und holen daraus becherweise eiskaltes Wasser, das sie in sparsamen Mengen austeilen und ihre Schützlinge ermahnen, sparsam damit umzugehen.

Weiter und hinauf, bis wir mit einem verzweifelten Endspurt die rutschigen Hänge des Gletschers erobern und uns keuchend auf einigen Felsen gegenüber dem Bergli niederlassen .

„Wie weit ist es noch bis zur Hütte, Baumann?" „Oh, ungefähr zwei Stunden!" Und es ist jetzt 11.30 Uhr ! Dafür wurden wir von unseren Daunenbetten gezerrt und mussten unter den Strahlen der Herbstsonne glühende Hänge hinauflaufen! Dafür wurden wir von den verführerischen, wenn auch rückenlosen Bänken der Bäregg weggejagt! Dafür wurde uns unser zweites Frühstück in dreieinhalb Stunden verwehrt, auf gewissen steinigen Pfaden, auf denen wir gern Halt gemacht hätten!

Uhr ausruhen.

Das tun wir jedoch nicht. Zwei Stunden des Bestaunens von Eiger , Mönch und Schreckhorn führen zu einer unangenehmen Versteifung der Gelenke; kurz nachdem wir dies entdeckt haben, sammeln wir unser Gepäck ein – das über etwa einen Hektar Land verstreut ist – und gehen über den ebenen Gletscher auf die steilen Schneehänge zu, die vom Mönchjoch herabführen . Nachdem wir uns ein oder zwei Stunden zwischen riesigen Schluchten entlanggekämpft haben, unterbrochen von Seilrutschen über messerscharfe

Eiskanten, erreichen wir unsere Hütte. Von hier aus werden wir Zeugen einer akrobatischen Vorstellung, ohne einen Eintrittspreis zahlen zu müssen; sogar die Unterbringung in der ersten Stallreihe ist zu beschämend schlecht, als dass uns jemand vorschlagen würde, dafür zu bezahlen. Tief unter uns schuften unsere Mitreisenden im Schnee . Von Zeit zu Zeit wirft sich einer von ihnen, der sich beim Start als „kein Bergsteiger" bezeichnet hatte, auf die weiße Oberfläche. Die Führer und sein Freund schleppen. Er schlittert ein wenig dahin; dann richtet er sich plötzlich auf wie eine Guttapercha-Figur mit einem Gewicht darin. Wieder auf – wieder runter – wieder rauf, so rückt die Gruppe vor.

Über das Abendessen sollte man weniger sagen, und doch habe ich von Engländern gehört, die gerne Suppen essen!

Jetzt ins Bett. Schöne Träume, süße Ruhe. *Ruhe!* Ja! Hörbare Ruhe für den Österreicher nach seinen gymnastischen Kunststücken; für seinen Freund, für mich, sogar für die Führer, keine. Nun, wir zählen bis hundert, bis zweihundert, bis zweihundert rückwärts. Wir zünden Streichhölzer an und schauen auf unsere Uhren. Wir denken sogar darüber nach, die Seile des Krankenwagens zu durchschneiden, damit er unseren schlafenden Gefährten überfallen kann. Wir sind ziemlich in einen mörderischen Zustand des Geistes und fast des Körpers versetzt, als –" Zwölf „ Uhr !" schallt es mit lauter Stimme, und wir springen aus dem Heu und schütteln die Quelle all unseres Unbehagens heftig. „Was?", sagt er schläfrig. „Zwölf Uhr? Nein, danke, keine Jungfrau für mich!" und dreht sich daraufhin um und verliert sich erneut im Land der Träume.

Noch mehr Suppe, dann Kaffee, Gamaschen zuknöpfen, alles einpacken, was wir eigentlich hätten zurücklassen sollen, Seile abrollen, Führerjodeln und los geht's.

Welch ein Vergnügen, über den gefrorenen Schnee zu schwingen, aus dem zahllose Eiskristalle mit leuchtenden, unschuldigen Augen zu uns emporschimmern, keineswegs ärgerlich darüber, dass sie bei jedem Schritt unter unseren großen, plumpen Stiefeln knirschen und knirschen. Der Gletscher strömt in einer silbernen Flut zu unserer Rechten herab. Die Berggipfel, in strahlendes Mondlicht getaucht, scheinen am Himmel zu hängen. Die strahlende Schönheit der Nacht, die stille, scharfe Luft, die Stille der Umgebung, all das zusammen lässt die siebzehn Minuten, die wir brauchen, um das Mönchjoch zu erreichen , wie Sekunden vergehen. Von hier aus, geblendet von der atemberaubenden Schönheit der Aussicht und überall hinsehend, nur nicht auf meine Füße, gleite ich achtlos in die *Bergkluft* . Ich werde herausgezogen, und nach weiteren fünfundzwanzig Minuten überqueren wir das Ober- Mönchjoch und sehen vor uns die glänzenden Gewänder unserer „Jungfrau". Ein Jodeln der Führer und wir rennen wie wild die Schneehänge hinunter, über das Plateau und auf den Berg selbst zu. Es ist jetzt sehr kalt, die Kälte der frühen Morgendämmerung liegt in der Luft. Wir sind noch nicht weit über den Roththalsattel hinausgekommen , als das Purpur des Himmels immer wärmer wird, bis schließlich der Gipfel über uns in den Strahlen der aufgehenden Sonne errötet. Noch eine knappe halbe Stunde und wir drängen uns an unser Ziel und bemitleiden unseren Freund unten im Heu des Berglis .

Es ist noch früh, und Baumann, der gute alte Sportler, sagt: „Jetzt wollen wir auf den Mönch steigen ." „Nein", antworte ich, „ich habe kein Training mehr, und morgen muss ich die Strahlegg überqueren . Wir gehen jetzt nach Hause." Aber Baumann blinzelt und macht abrupt halt, als wir das Plateau erreichen. „Auf das Bergli oder auf den Mönch ?" fragt er. Der Mönch scheint nahe zu sein, und ich gebe schwach nach. Unsere Mitreisenden verlassen uns hier. Wir gelangen auf den Grat, der vom Ober- Mönchjoch heraufführt . Alles läuft wie am Schnürchen. Wir erreichen den letzten Kamm. Leider! Er ist von einem Ende zum anderen glatt vereist. Der alte Kaufmann ist furchtbar fertig; von Zeit zu Zeit kriecht er auf den Schneegesims. Baumann ruft von hinten warnend. Wir scheinen keine Fortschritte zu machen. Eine Stunde vergeht. Wir sind noch nicht einmal auf halber Strecke des *Grates* . „Also gut", sage ich, „lasst mich direkt auf den Grat gehen und mir die Aussicht ansehen; dann gehe ich nach Hause." Die Führer protestieren, aber ich bleibe hartnäckig; der Schneewechtenüberhang und Kaufmanns große Erschöpfung haben mich überzeugt. Schließlich steigen wir ab. Wir eilen über die Schneefläche, halten so kurz wie möglich am Bergli an , rutschen und rennen, wo wir können, und erreichen schließlich den Grindelwaldgletscher . Mittlerweile ist es stockfinster; unsere Laterne funktioniert nicht mehr richtig; unsere Kerze geht ständig aus, und wir wandern endlos lange über Eis und Moräne. Schließlich erreichen wir, ähnlich dem „Überleben des Stärkeren" (nachdem wir so ziemlich jede Route auf dem Gletscher ausprobiert haben), die Bäreggleitern und eilen von dort ins Tal hinab.

Nachdem ich die Freuden des Kletterns im Herbst beschrieben habe, möchte ich auch nicht vergessen, dass ich zu dieser Jahreszeit einmal schlechtes Wetter erlebt habe. Es war am 2. Oktober, ein Jahr später, als ich mit Ulrich Almer , Christian Jossi und Herrn Theophile Boss von der Roththalhütte aus aufbrach, um die Jungfrau zu überqueren. Das Wetter war mehrere Tage lang perfekt gewesen, aber am Abend zuvor deutete der Sonnenuntergang auf eine Veränderung hin, und die Blitze, die am westlichen Horizont zuckten, waren ein weiteres Anzeichen dafür, dass ein Sturm bevorstand.

Da es daher doppelt wichtig war, früh aufzubrechen, verschlafen die Führer zunächst selbst, und es war fast 5.30 Uhr , als wir die Hütte verließen. Viele Stufenfräsarbeiten verzögerten unseren Fortschritt, und es war 11.35 Uhr , als wir drei oder vier Minuten unterhalb des Gipfels Halt machten, um unser zweites Frühstück seit dem Aufbruch einzunehmen. Mittlerweile zogen von allen Seiten Wolken auf, aber der ernstere Teil der Arbeit war erledigt, sodass uns das Wetter nicht viel ausmachen konnte. Wir blieben nur einen Augenblick auf dem Gipfel, und dann machten wir uns unter Jossis „Schnell! Vorwärts !"- Rufen auf den Weg zum Abstieg, inmitten eines fürchterlichen Schneesturms. Nun, es war kühl; kalt war es jedenfalls nicht, denn wir trugen unsere Handschuhe in den Taschen. Dank einer Gruppe, die ein paar Tage zuvor vom Bergli aufgestiegen war, hatten wir auch ausgezeichnete Tritte . Der Weg zum Mönchjoch war totenlangweilig, das Einzige, was wir sahen, waren unsere edlen Selbste. Unter der Führung von Führern wie unseren wichen wir jedoch keinen Augenblick von der richtigen Richtung ab, obwohl die Spuren inzwischen natürlich völlig verschwunden waren. Eine gemütliche Nacht im Bergli war eine gute Vorbereitung für den Abstieg durch hüfttiefen Schnee ins Tal.

Während des Abends hatten die Führer ausführlich über ein Merkmal der morgigen Route gesprochen, das sie mit all der malerischen Ungenauigkeit als Eiswand beschrieben. Nun, eine *Eiswand* vermittelte meiner Vorstellung nach eine grüne Klippe mit glänzender Oberfläche, die sich rutschig anfühlte und senkrecht stand. All diese Merkmale fehlten jedoch. Die „Wand", die etwa 170 Fuß hoch war, bestand sicherlich aus Eis, aber das Eis war mehrere Zoll dick mit festem Schnee bedeckt. Ich kenne mich nicht mit Winkeln aus, aber ich würde sagen, dass 75 Grad ungefähr der Neigung der ersten fünf Stufen entsprachen, nach denen die Steilheit stetig abnahm. Der letzte Mann brauchte, unterstützt von einem Stück Peitschenschnur, das um ein oben eingeschlagenes Stück Brennholz gewickelt war, sieben Minuten, um herunterzukommen, also waren die Schwierigkeiten des Weges nicht übermäßig groß. Ich bin gezwungen, auf diese Einzelheiten einzugehen, weil der Charakter dieses höchst harmlosen Abhangs von der zuvor erwähnten Gruppe grausam verunglimpft wurde, und als wir nach einem Abstieg über das Zäsenberghorn , der aufgrund seiner völligen Einfachheit eintönig war, ins Dorf zurückkehrten, wurden wir von einer neugierigen Menge über die Schrecken der Eiswand befragt. Unsere Vorgänger hatten den Ort bereits verlassen, sodass wir nur gegen die vereinte Armee leichtgläubiger Personen kämpfen konnten, die sie zurückgelassen hatten und in deren Vorstellung die Eiswand des Mönchjochs zweifellos bis zum heutigen Tag als einer der Schrecken des Bergsteigens weiterlebt.

Damit habe ich nun meine schlimmsten Erlebnisse im Herbst in den Alpen
geschildert. Wie leicht könnten Hunderte von Bergsteigern das Ganze mit
ihren Berichten über den Sommer in diesen Regionen krönen!

ANHANG.

Da ich in diesem kleinen Werk keinerlei Anspruch auf Originalität erhebe, kann ich vielleicht dem Tadel der Bergsteiger entgehen und mir den Dank der Öffentlichkeit verdienen, wenn ich dieser ein Gedicht vorlege, das größtenteils im *Alpine Journal (Band 14, Seite 64) erschien und das deshalb wahrscheinlich nicht die Aufmerksamkeit des nicht bergsteigenden* Reisenden erregt hätte . Dank der Freundlichkeit des Autors bin ich in der Lage, es auf diesen Seiten vollständig wiederzugeben. Wir, die wir viel Zeit unter „den nächsten Nachbarn des Himmels " verbringen, lernen unsere Umgebung immer mehr zu lieben. Es wird oft gesagt, dass Menschen Gipfel besteigen, um mit ihren Leistungen zu prahlen. Auf einige trifft das zweifellos zu. Aber ich kann keinen besseren Beweis dafür liefern, wie solche Personen von wahren Bergsteigern gesehen werden, als durch das Zitieren der Zeilen, auf die ich mich bezogen habe und deren Geist ich und Tausende andere vollkommen sympathisieren. Das Gedicht mit dem Titel „Bergzwerge"; oder Dreißig Jahre danach" soll aus dem Buch eines Fremden in einem bekannten Bergkurort kopiert worden sein und trägt die Überschrift:

AN MEINE MITGÄSTE.

(*Ein Gründungsmitglied des Alpine Club spricht.*)

Ich war bei den Männern, die alle Alpen bezwangen, und kletterte höher

Beobachtete vom Kaukasus oder den Anden aus, wie Phosphor wie ein Feuer aufstieg;

Aber, Nachfolger von De Saussure! Ihr, vermutlich mit Seelen,

Nachbarn des Himmels behandeln, wie der Grubenbär seine Stangen behandelt,

Zeigen Sie ihnen Ihre albernen „Formen", „schneiden Sie Aufzeichnungen", während Sie rennen,

Das Verlangen nach einer Menge, die dich verhöhnt, nach Bekanntheit – dein Ding!

Sie, die ein „Alpenzentrum " und ein Gasthaus voller Leute lieben,

Wo die Touristen staunend blicken, während ihr Jack seinen Kirchturm beflaggt ;

Sterne, die mit deinen Äxten funkeln, während Mädchen sich fragen, was du bist,

Durch ein Dorf, das ist das Bild eines Wohltätigkeitsbasars;

Sterne, die unter der Weinstube sitzen , wo „die Männer etwas trinken müssen":

So führt der Faulenzer den Bauern auf den Weg, auf dem er versinken wird,

Bis diskreditiert, verworfen, Spiel für Snobs, die „eine Belohnung vertragen",

Der alte Reiseführer, der zwanzig Sommer lang dabei war, wirbt auf der Straße um Kundschaft!

Burschen, deren Schwatz niemals aufhört, bis die *Table d'hôte* voll ist

Mit den *Gendarmen* , die Sie gefesselt haben, und den *Pässen,* die Sie *erklommen* oder *erklommen haben* !

Nicht für Sie das freundliche *Wirthshaus* , wo der *Pfarrer* den Gastgeber spielt,

Oder die von Weinreben behangene *Osteria* , wo die Schüsseln am meisten klappern;

Nicht für dich die flüssige Pracht des Sonnenuntergangs, wenn er stirbt,

Nicht für dich die silberne Stille und die Weiten des Himmels,

Bekannt von Männern, die in alten Zeiten in Felshöhlen hausten,

Bevor die Klubhütten der Circe Tourismus in Scharen.

eingehüllt in Tabakdämpfe ,

Und denken Sie eher an kalten Plumpudding als an „die Herrlichkeiten der Welt";

Da grübelst du mit deinen Mitmenschen über das wenige, was du noch tun musst,

Er plant düstere Expeditionen, die teilweise neu sein könnten.

Leicht prahlend, während der hell perlmuttfarbene Bouvier die Gläser füllt,

Wie Sie Lawinenspuren „entlangtollen" und in Gletscherspalten herumtollen;

Träumt zärtlich von dem Ruhm, den solche „azurblauen Heldentaten" erlangen müssen,

Wenn Ihr Reiseleiter die Geschichte in der *Grindelmatt Gazette erzählt* ;

Grimmig über die Gefühle weidend, die Hobbs und Nobbs zu unterdrücken versuchen werden,

Wenn sie das große Narr lernen Nadel wurde gerade von jemand anderem „eingesackt":

Hobbs und Nobbs, die sich heimlich zu unserem Grün- Alp-Teleskop schleichen,

Vielleicht finden Sie Trost darin, zuzugeben, wie Sie am Seil ins Straucheln geraten sind.

Bergzwerge – so grüße ich euch, die ihr in Kleinheit eurer eigenen

das Größte der Natur niederreißen und die Kirchturmspitzen der Erde in Ruhe lassen!

Doch vergeblich predigt ein alter Mann. Was gebracht wird, wird noch gefunden,

Noch immer sind die Alpen für unermüdliche und unermüdliche Athleten das Trainingsgebiet.

Doch die Größeren zeugen die Kleineren durch unendliche Stufen,

Und die Berge haben ihre Zwerge – wie die Gletscher ihre Flöhe haben.